Direção editorial: Eduardo Viegas Meirelles Villela
Coordenação editorial: Eduardo Viegas Meirelles Villela e Beto Mallmann
Revisão de língua portuguesa: Maria Heloisa Melo de Moraes
Revisão técnica: Ricardo Bonacorci
Fotografias da Capa, Torta Holandesa e Coquetel de Camarão: Touche
Fotografias das demais receitas: Tatiana Ribeiro
Diagramação e projeto gráfico de miolo: Beto Mallmann
Arte completa de capa: Beto Mallmann
Finalização: Valter Udson Barbosa Cutrim
Impressão: Hawaii Gráfica

Dados Internacionais de Catalogação na Publicação (CIP)
Bibliotecária Juliana Farias Motta CRB7/5880

L533s Leite, Silvia

Se a vida tivesse receita: a história e as receitas da criadora da torta holandesa / Silvia Leite.
São Paulo: EV Publicações, 2025.

200p.; - 22,8cm x 29cm

ISBN: 978-65-87369-44-0

1. Leite, Silvia - Biografia. 2. Culinária. I. Título

CDD 920

Caso queira adquirir lotes de exemplares do livro, favor entrar em contato via e-mail: eduvillela@evpublicacoes.com.br ou pelo whatsApp: (11) 96851-1515.
Para atendimento ao cliente, utilize, por gentileza, os mesmos contatos acima.

SILVA LEITE

SE A VIDA TIVESSE RECEITA

A HISTÓRIA E AS RECEITAS DA CRIADORA DA TORTA HOLANDESA

EV PUBLICAÇÕES

Ao meu pai, Aloysio, que, com todo seu amor, me ensinou a gostar de ouvir e, principalmente, de contar histórias!

in memoriam

Agradecimentos

Danilo e Renata, filhos amados, e Victória e Matheus, que chegaram para expandir nosso amor. Vocês são minha alegria. Vocês quatro, junto com suas primas Marília e Heloísa, que nos presentearam com Augusto e Renato, e nossos anjinhos Rafael e Elisa, merecem um agradecimento especial. Vocês me mostram o poder do futuro e a certeza de um legado, enchendo meu coração de paz. Viver sabendo que plantamos raízes em solos tão férteis é um privilégio imenso! Vocês são exemplos do que precisamos ver ampliado no mundo e nas próximas gerações. Obrigada por me ensinarem tanto com cada gesto, atitude e movimento.

Um agradecimento repleto de admiração à minha irmã mais velha, Wania. Com sua sabedoria, sempre nos apoiamos em todas as aflições do cotidiano. Sua presença me traz amparo e segurança.

Agradeço in memoriam à minha mãe, Cleyde, uma verdadeira rocha nas tempestades, e à minha avó, Rêmula, meu primeiro e grande modelo de amor incondicional e resiliência. Com as duas, aprendi a acolher as pessoas, acreditando que "mais" é sempre melhor: mais amigos, mais momentos, mais celebrações, mais vida. Graças à casa da minha infância, aprendi a gostar de receber, cultivar amizades e, principalmente, unir todos através do meu prazer pela culinária.

Sou muito grata também pelo privilégio de conviver com as onze "meninas" do Café com Fofoca há mais de 10 anos. Juntas, nos reunimos mensalmente para compartilhar aventuras, receitas, experiências, identidade e amizade, sempre em plena harmonia. Obrigada por se entregarem tão amorosamente a essa confraria que nos une. Todas vocês vibram comigo na mesma sintonia.

Minha gratidão imensa às minhas "amigas-irmãs": Mara, que me ensinou que não existe distância para aqueles que estão conectados pelo coração; Rosélia e Silvia, as melhores madrinhas que eu poderia ter escolhido para meus filhos, cuja bondade, amizade e amor são uma constante feliz em nossas vidas. Vocês são âncoras de força, e jamais serei suficientemente grata por isso.

Desde o primeiro dia, pude contar com Eduardo Villela, que pacientemente me ouviu por meses e me fez acreditar que minha narrativa merecia ser contada. Edu é um editor apaixonado, antes de tudo, por pessoas. Com sua empolgação e entusiasmo, provou não só que eu seria capaz de escrever, mas também que eu poderia deixar transbordar emoções e verdades. Você foi um farol nesse processo, Edu.

Obrigada por me emocionar com suas palavras naquela primeira leitura, Ricardo Bonacorci. Foi fundamental para minha autoconfiança.

Foi delicioso passar as tardes fotografando receitas com Tatiana Ribeiro. Obrigada, Tati, pela sensibilidade, por seu olhar poético e afetuoso. Você compreendeu rapidamente o caminho que deveríamos percorrer. E como não reconhecer a dedicação de nosso amigo Beto Mallmann ao elaborar o projeto gráfico e a capa? Obrigada, obrigada e muito obrigada, Beto. Você é um profissional diferenciado, um artista que domina a arte de emocionar nesse desafio de cores, letras, imagens e formas. Obrigada por trazer o Touchê, que conseguiu fotografar a estrela do livro, a Torta Holandesa, à altura de seu merecimento.

Não me canso de agradecer a Carla pelo engajamento e incentivo diários, que me permitiram me ausentar por um longo período para me dedicar a este livro.

Tive a felicidade, ao longo dos anos, de contar com muitos amigos que me apoiaram em todas as circunstâncias, fases e ambientes profissionais. Não posso citar todos, e seria horrível esquecer algum deles, mas vocês sabem quem são.

Finalmente, agradeço a Deus, que me abençoou com o poder da fé. Que me sustenta, conforta e me faz querer honrá-Lo todos os dias. Tenho absoluta certeza de que foi Ele quem colocou tanta gente certa nos momentos mais incertos da minha vida.

Serei eternamente grata pelo privilégio de estar cercada por tantas pessoas que vibraram e se entusiasmaram comigo em cada fase deste projeto.

Sumário

Sumário Receitas

Prefácio

por **Conrado Adolpho***

Você já se deliciou com uma torta holandesa ou se rendeu ao irresistível creme holandês? Se sim, prepare-se para uma revelação surpreendente: esses doces que conquistaram o paladar brasileiro e se tornaram parte integrante de nossa cultura gastronômica foram criados pela autora desta obra.

A Silvia Leite e eu nos conhecemos há quase trinta anos, em uma palestra beneficente que ministrei. Conversamos após o evento, e, dias depois, estive com ela no escritório da Holandesa & Cia., onde fechamos uma parceria: desenvolvemos o site da empresa e assessoramos sua estratégia de comunicação. Silvia e sua empresa estiveram entre as 50 primeiras clientes da PubliWeb, minha agência na época. Alguns anos depois, vendi a agência, montei outras empresas e hoje nós temos milhares de clientes. Desde aquela época, percebi o quanto Silvia era uma empreendedora nata e uma inspiração para todos que mantinham contato com ela.

Há histórias de vida que transcendem o comum, que nos inspiram e nos fazem refletir sobre nossa própria jornada. A trajetória de Silvia é, sem dúvida, uma dessas narrativas que merecem não apenas ser contadas em um livro, mas também eternizadas nas telas do cinema.

Este livro chega em um momento importante para nós, brasileiros. Em uma época de transformações aceleradas e desafios constantes, nos faltam referências que nos inspirem tanto em termos de valores e princípios sólidos quanto de bons exemplos empreendedores. A história de Silvia preenche essa lacuna.

Caro leitor, prepare-se: nas páginas que se seguem, você conhecerá a trajetória de uma verdadeira inovadora, cuja vida é um testemunho vivo do poder da criatividade, da perseverança e da paixão. As experiências de Silvia, tanto pessoais quanto profissionais, são uma rica fonte de aprendizado e inspiração para todos nós.

Ao mergulhar nesta leitura, você será duplamente recompensado. Para os amantes da gastronomia e entusiastas da culinária, este livro é um tesouro. Além de desvendar os segredos por trás da icônica torta holandesa, você descobrirá uma grande variedade de receitas de doces e salgados deliciosos. É um convite irresistível para explorar novos horizontes culinários e surpreender seus entes queridos com criações deliciosas.

Mas não se engane: este livro vai muito além das receitas. Para aqueles que sonham em empreender e tomar as rédeas do próprio destino, as páginas seguintes trarão muito conteúdo de qualidade. Através das experiências de Silvia, você terá acesso a insights valiosos e lições duramente aprendidas que o ajudarão a navegar pelos desafios do mundo dos negócios com mais confiança e sabedoria.

A jornada de Silvia revela que o sucesso não é fruto do acaso, mas sim o resultado de uma combinação de paixão, inovação e trabalho árduo. Ela nos ensina que, com determinação e criatividade, é possível transformar uma simples receita em um império gastronômico, deixando uma marca duradoura na cultura e na economia do país.

Ao longo destas páginas, você será desafiado a pensar fora da caixa, a abraçar o desconhecido e a persistir diante das adversidades. A história de Silvia nos lembra que cada obstáculo é uma oportunidade disfarçada e que o verdadeiro fracasso está em desistir de nossos sonhos.

Convido você a saborear cada capítulo deste livro com a mesma dedicação e entusiasmo com que degustaria uma fatia de torta holandesa. Absorva as lições, inspire-se com os triunfos e reflita sobre os desafios superados. Que esta leitura seja não apenas informativa, mas transformadora, instigando-o a perseguir seus próprios sonhos com renovada energia e determinação.

Boa leitura! E quem sabe, em um futuro próximo, não estaremos todos reunidos em uma sala de cinema, assistindo à incrível saga de Silvia na grande tela? Afinal, histórias como esta merecem ser celebradas e compartilhadas com o mundo.

***Conrado Adolpho** é pensador e estrategista na área de gestão e tecnologia. Como mentor de empresários e consultor de negócios, tem ajudado milhares de empresas a expandirem suas operações de forma sustentável e inovadora no cenário digital. Autor de best-sellers e palestrante internacional, Conrado é reconhecido por sua visão única sobre o futuro dos negócios e sua capacidade de traduzir tendências complexas em estratégias práticas e eficazes.

Introdução

Introdução

Quando uma história sai do forno

Em setembro de 2022, senti que estava na hora de fazer este livro.

Muita gente me dizia que eu deveria, mas eu resistia. Não considerava essa possibilidade. Não me sentia nem capaz, muito menos disposta.

Criei a Torta Holandesa há mais de 30 anos. E desde que parei de trabalhar com sobremesas, em 2006, de tempos em tempos alguém me descobre, surge uma matéria em algum veículo de comunicação e o burburinho recomeça.

Foi assim em 2017, quando participei do programa "Domingo Espetacular", produzido pela rede Record; em 2018, quando me surpreendi com uma linda matéria no veículo "A cidade On" da EPTV; e em 2019 com o programa "Terra da Gente", uma produção local que circulou pela Globonews por todo o Brasil, e tantas outras. Em 2023, o jornal O Estado de São Paulo fez uma matéria linda por ocasião do Dia Internacional da Mulher, homenageando mulheres e suas criações. Foi um momento de consagração muito feliz.

Comecei então a reconhecer o quanto minha invenção havia contribuído ou mesmo inspirado a vida de outras pessoas que empreenderam no ramo alimentício, unindo necessidade ou mesmo paixão pela área.

Eu havia seguido em frente empreendendo em outras áreas, sem refletir na importância do meu papel como criadora da Torta Holandesa e o impacto gerado por ela no mercado de sobremesas brasileiro.

Recentemente, com o uso intenso da internet e redes sociais, vejo vídeos de como preparar a Torta Holandesa produzidos por pessoas envolvidas ou com o desejo de se envolver na área de gastronomia. Nos comentários sempre sou citada, e muita discussão se cria, porque os fãs mais antigos chegam para contestar e afirmar que a receita está errada, esclarecendo ser uma receita brasileira, criada em Campinas e pela Silvia Leite. Para falar a verdade, nunca liguei muito. Pelo contrário, me divirto com as polêmicas criadas em torno das inovações na receita da torta. Entendo que são releituras e que depois de tanto tempo isso é comum. O uso do nome e de alguns ingredientes-chave da apresentação original passam a significar apenas a referência a algo já tão desejado e disseminado e que faz parte do inconsciente coletivo de toda uma geração.

Foi em meio aos meses de introspecção que vivemos nos tempos de pandemia que o desejo de escrever este livro nasceu. Naquele mesmo período desacelerei e assumi uma rotina mais tranquila. Surgiu na minha cabeça a pergunta: "Por que não registrar minha trajetória e amplificar assim as possibilidades para que mais e mais pessoas possam se inspirar, aprender e talvez não cometer muitos dos erros que cometi?

Decidi que precisava contar o processo que me levou a criar a Torta Holandesa. E só é possível falar de sua história, seu legado e sua receita original se eu contar um pouco da minha vida pessoal e profissional. Não há como dissociar uma da outra. Acredito que minha vida empreendedora, com seus altos e baixos, erros e acertos, poderá servir de inspiração para você, leitor.

Após mais de 30 anos, ainda observo o quanto as pessoas anseiam por me conhecer e a ter a receita original totalmente revelada. Desde o início sabia que este não seria um livro de receitas. Assim, a Torta Holandesa se transformou apenas na cereja do bolo.

Neste livro eu trago minha infância e toda a influência culinária recebida de minha avó italiana. Acredito que absorver conhecimento dos membros mais velhos e experientes da família é de uma riqueza única, e eu tive esse privilégio desde muito pequena. Ao longo de minha jornada, grandes mentores e outras pessoas me influenciaram. Conto aqui como cada um me ajudou nos momentos mais importantes de minha trajetória profissional, marcada pela inovação e recheada de muitos desafios. Conto também da tristeza que me levou a viver muitas aventuras longe do Brasil e a retornar para minha cidade, Campinas, bem no início de um novo governo tumultuado e sem oportunidades de emprego. Foi nessa época, em meados dos anos 1990, que empreendi no ramo de sobremesas, inovando na forma de criá-las e prepará-las. Foi quando desenvolvi a Torta Holandesa e uma infinidade de sobremesas supergeladas.

Vivi nesse período uma trajetória de 16 anos repleta de conquistas e superações. Vou compartilhar com você, ao longo dos capítulos, a história da empresa que criei, a "Holandesa & Cia". Desde grandes dificuldades até minhas maiores alegrias e realizações. Foram momentos intensos, de grandes mudanças, aprendizados e evolução.

Você vai conhecer os percalços de como consegui fazer crescer um negócio iniciado sem nenhum capital, em um apartamento de 40 metros quadrados, até chegar a uma indústria moderna e respeitada, com níveis de produtividade de 60 toneladas/mês, atendendo com suas sobremesas toda a cadeia de food service brasileira. Lancei mais de 30 novas receitas de tortas derivadas do "creme holandês", então consagrado por mim.

Eu sempre acreditei que para seguir adiante e superar as adversidades precisaria fechar portas e abrir outras novas. Nunca me alimentei de passado, até porque, após a venda da Holandesa & Cia no final de 2005, eu não poderia, por um longo período, exercer concorrência, e precisei então me reinventar novamente.

Depois de tudo o que vivi com a Holandesa & Cia, eu quis continuar andando para frente e, assim, fui atrás de novas oportunidades e conquistas no universo de franquias. Foi quando busquei uma nova possibilidade e migrei de área novamente. Eu mostro que sempre é possível mudar e se reinventar profissionalmente, embora muitas vezes pessoas próximas e a sociedade tentem nos convencer de que mudar é arriscado e perigoso. Não é verdade.

Mudar é exercer a liberdade de poder se redescobrir, permitindo-se novas realizações e assim, ser feliz.

Muita gente me conhece como a Silvia, da Kopenhagen, onde me coloquei como franqueada de 3 lojas há 17 anos. Eventualmente, quando descobrem sobre o meu passado no universo das sobremesas, percebo uma reação de espanto, uma expressão de "Como você nunca me contou isso?". Imagino que, para muitas delas, ter inventado receitas que permanecem até hoje na mesa e no imaginário das famílias já bastaria para se sentirem especiais. Mas nos últimos capítulos você vai entender o porquê dessa minha última guinada que decidi dar em minha vida profissional, em que migrei da indústria para o varejo, reiniciando uma nova trajetória, desta vez no mercado de franquias.

Separar um tempo para relembrar a minha história e decidir escrever este livro me trouxeram o maior de todos os desafios até então enfrentados. Envolveu ressignificar memórias, entender outras e, principalmente, revivê-las em inúmeras horas de lembranças boas, e outras não tão boas assim. Até a formatação final da concepção deste livro, foram meses de muita introspecção com um firme propósito de deixar transbordar todas as minhas dores, experiências e lembranças muito especiais.

Quando me senti pronta para escrever, resolvi me afastar de cena por algumas semanas para dar esse início. Seria uma oportunidade de realizar um sonho antigo e ao mesmo tempo ter momentos inesquecíveis dedicados totalmente a esse propósito. Contratei um cruzeiro que faria a travessia Brasil-Europa. Eu teria dias tranquilos, voltados ao mar e à escrita. Mais nada que pudesse dividir minha atenção. Seríamos só nós dois. Eu e a minha história para contar.

Nesse cruzeiro, por incrível que pareça, a primeira grande lição veio logo no início. Ingenuamente, eu acreditava que seria tranquilo e fácil estar na minha confortável cabine de frente para a imensidão do mar e céu azul, mas foi preciso decidir e escolher!

A palavra que me definiu mais uma vez foi "escolha". A quantidade de opções e tentações ao longo dos dias a bordo são enormes. Criar uma rotina e fazer a escolha por realizar meu propósito foi um momento decisivo. Era jogar tudo para o alto e simplesmente me divertir e viver as aventuras possíveis que essa experiência de viagem proporcionaria ou me manter focada no livro e criar uma rotina que me permitiria escrever bastante, com equilíbrio entre lazer, alimentação, sono, exercícios, encontrando um grande prazer nessa realização.

Decidi que o processo já tinha começado e que seguir seu fluxo rumo aos objetivos traçados seria a minha escolha, e como sempre, para qualquer escolha que fazemos sempre existe alguma renúncia. Aprender a acreditar que há um tempo para cada coisa e que não podemos nos distrair no meio do caminho se desejamos chegar lá. Foi assim desde sempre. Foco e disciplina. Sem distrações.

Caro leitor, aceite este livro como um presente. Que ele possa contribuir, ajudar e inspirar a sua jornada.

Espero que, ao longo dessa leitura, eu consiga, de alguma forma, atingir tais objetivos. Se for possível construir qualquer ponte que contribua para seu desenvolvimento pessoal e profissional, já estarei feliz.

Boa leitura!

Capítulo I

Capítulo I

O prazer de cozinhar desde pequena

Cresci em uma família de três irmãos. Era a caçulinha. Desde muito pequena fui considerada por todos em casa como a boazinha, a delicada, a educadinha. Era a criança que todos querem ter por perto porque é fácil e não cria problemas. Quando você tem dois irmãos considerados muito inteligentes e espertos, fica claro no seu inconsciente os caminhos que não devem ser percorridos. Escolhi me sobressair sendo doce e curiosa, afetuosa e prestativa.

Sempre me senti completamente diferente de Wania Maria, a primogênita, e de Luiz Haroldo, o do meio. Meus interesses eram totalmente distintos dos deles, que nunca participaram dessas atividades culinárias de compra e preparo das refeições da casa. De fato, cinco anos me separavam de minha irmã que, sempre muito precoce, já estava às voltas com muitas amigas e atividades sociais que nunca me incluíam. E ele, entre duas irmãs tão diferentes, imagino que ficava tentando encontrar seu lugar, enquanto era cada vez mais mimado por vovó.

Considero hoje que para sobreviver em família e posteriormente na vida, desenvolvi uma grande inteligência emocional e muita resiliência. Sempre me destaquei pelo espírito de liderança e habilidade para me relacionar, ingredientes fundamentais para minha felicidade e sucesso.

Alcançar grandes conquistas envolve ainda receber a admiração e o respeito, sem perder a empatia. Com uma dose generosa de humildade, sempre desejei e busquei o melhor em tudo: o mais bonito, o que encanta, o diferente, o que desperta curiosidade e interesse. Se não fosse dessa forma, não fazia sentido para mim. Foi assim que entrei cedo em um ciclo virtuoso de empreendedorismo bem-sucedido.

Quando relembro a criança que fui, penso nos contraditórios que me habitavam. Penso que era estranha, porque rejeitava muitos alimentos básicos tais como tomate e a maioria dos vegetais, mas adorava devorar ostras frescas na praia do Gonzaga, em Santos, nas deliciosas férias passadas com minha amada madrinha, Prisca. Éramos parceiras no consumo de dúzias delas. Adorava estar na sua companhia e da família Biamino – meu saudoso tio Cloris e os queridos primos Paulo e Cláudio. Era a melhor amiga de mamãe e, talvez por não ter tido uma filha mulher, sempre tivemos uma conexão muito amorosa. Foi sempre uma inspiração para mim de generosidade, educação e elegância. Uma fonte de atenção e carinho constante.

Influências de minha querida avó

Também não era como as demais crianças que se apegam a animais como galinhas e coelhos. Ainda muito pequena, um dos meus programas preferidos era acompanhar a minha avó Rêmula à chácara do Tio José Ré, que carinhosamente chamávamos de Zeré. Era uma chácara em Itapecerica da Serra, onde ele criava coelhos para abate. Lembro-me de ficar ansiosa pensando se ele iria nos presentear com uma carne de coelho no fim da visita. Normalmente, ao cair da tarde, quando minha avó dava sinais de estar na hora de irmos embora, ele nos perguntava se não queríamos levar um pouco da iguaria.

Eu ficava na expectativa desse momento, pois desejaria muito que vovó preparasse uma receita da maneira tradicional italiana, deliciosa, ao molho de vinho tinto, que só ela sabia fazer. Não existia na época o hábito de congelar as carnes, então trazíamos tudo fresquinho mesmo. Era cerca de uma hora de viagem para ir e depois ter que voltar, mas sempre desconfiei que o objetivo maior da visita ao sítio era o nosso interesse pela iguaria e por ovos frescos que trazíamos. Domingo seria dia de banquete, com o coelho preparado por vovó. Não tenho memórias de nossa casa sem vovó.

Com vovó aprendi desde cedo a identificar a qualidade dos ovos, um aprendizado que me foi muito útil, já que os ovos são parte importante de muitos preparos de doces e salgados. Você precisa quebrar um de amostra a uns 10 cm de altura de uma tigela qualquer. Se ao cair a gema se espalhar, é sinal de que o ovo já está velho. Isso porque o que protege a gema é a película que a envolve. Com o passar dos dias, ela afina e se torna cada vez mais frágil. Ou seja, quanto mais fresco for o ovo, mais resistente será a gema, e como consequência, maior a altura em que poderemos quebrá-lo para fazer o teste. Faz toda a diferença em qualquer preparo a qualidade dos ovos. Os consumidos em nossa casa eram sempre muito frescos e eram obtidos na feira semanal, em uma barraca específica. Trocávamos os sete exemplares da semana do jornal "O Estado de S. Paulo" que mamãe tinha lido por uma dúzia de ovos. Era um tempo em que as donas de casa escolhiam os ovos em uma pequena cestinha. Achava mágico como só de senti-los nas mãos elas percebiam o seu frescor. Em seguida davam para o feirante, que manobrava os jornais para a embalagem final. Frequentemente era presenteada com um ovo de gema dupla, especialmente guardado pelo feirante para mim. Sempre me perguntei como ele sabia qual deles tinha as duas gemas dentro. Devia ter esclarecido isso na época. Falha minha.

Minha avó era especial: amorosa, afetuosa e sempre disposta! Poderíamos dizer que era uma mulher apaixonante e muito caprichosa também. Gostava de fartura na mesa e cozinhava com muito prazer para todos nós. Foi na convivência intensa com ela que absorvi tantos exemplos lindos de caridade, amizade, generosidade e amorosidade. Deixou muita saudade.

Vovó Rêmula tinha um irmão que era o nosso Tio Rômulo. Não eram gêmeos como na mitologia romana, mas a vovó era muito apegada ao irmão que passava muitas temporadas em nossa casa sob os cuidados dela, já que era bem doente. Admirava-me de ver sua dedicação ao tio Rômulo.

Ela participou, acredito, quase a vida toda como membro das oficinas de Santa Rita de Cássia. Era muito devota e vivia os mandamentos do catolicismo em seu dia a dia. E eu a acompanhava nas reuniões mensais que costumavam ser na casa da presidente do grupo, a dona Gaby. Algumas avós, vez por outra, levavam seus netos, que não desgrudavam delas. Eu não. Ainda muito pequena, já gostava da responsabilidade em organizar o lanche. Eram muitas senhoras, imagino que umas 50, e cada uma levava um prato, sua especialidade. Logo após a reza inicial, enquanto elas discutiam e tomavam as decisões mensais, eu organizava aquelas delícias. Separava os doces dos salgados em duas mesas. Escolhia as toalhas e tinha passe livre para guardar os pratos repetidos. Dispunha tudo nas travessas e deixava a mesa do lanche linda.

Sempre gostei de "organizar". De mesas a geladeiras, despensas e armários. Até hoje, sou dessas que se incomodam com a bagunça e que vão logo se oferecendo para fazer a arrumação.

Uma das atividades mais importantes da reunião era entregar as costuras do mês e pegar a quantidade de tecido que você acreditava que conseguiria costurar para o próximo encontro. Eu tinha muito orgulho da vovó porque precisávamos voltar de táxi, já que eram muitas sacolas de tecidos que ela levava para casa. Todos os dias, enquanto o feijão estava no fogo, ela costurava aqueles rolinhos que já vinham cortados. Eram enxovais de bebês para mães solteiras atendidas pelo grupo. Mas o maior orgulho mesmo era ver o quanto as costuras dela impressionavam a dona Gaby. Dona Rêmula realmente caprichava. Fazia como se fosse para os próprios netos. Comprava fitinhas, botõezinhos de pérola e contornava os barrados com um delicado crochê. Enfim, as roupinhas que fazia ficavam perfeitas.

Esse envolvimento com vovó me deixou ótimas lembranças, e deve ter sido a inspiração de como eu também queria que meus produtos fossem desejados e admirados.

Sua paciência para me ensinar e nossa convivência direta nesses meus primeiros sete anos de vida nos levaram a desenvolver uma cumplicidade enorme.

Banquetes para reis e princesas

Voltando a mais lembranças dos meus primeiros anos de vida em família...

Aos sábados, ia com mamãe à feira. Empurrar o carrinho com os jornais, experimentar bobagens e conversar com os feirantes era um ritual que eu adorava e não dispensava! Mamãe era muito próxima de alguns feirantes que a atualizavam semanalmente dos seus problemas particulares e os do nosso bairro. Essa era uma qualidade que sempre admirei muito em minha mãe: ela tinha um interesse genuíno pelo próximo. Sempre tentava ajudar de alguma forma, com palavras, recomendações ou apenas ouvindo-os. Um exemplo de empatia que levei por toda vida.

Tenho uma recordação viva de um senhor que percorria a pé, com suas cabras, muitos bairros de São Paulo para vender leite tirado na hora. Nós morávamos na Aclimação, ele passava por lá e, graças ao seu esforço e exemplo de dedicação ao trabalho, pude ser alimentada na infância com esse leite nutritivo diariamente por muitos anos. Ao ouvir os sinos das cabras, eu corria para a esquina com uma caneca já com um tanto de açúcar no fundo e algumas moedas na mão que minha mãe atenciosamente nunca se esquecia de deixar para essa finalidade antes de sair para o trabalho.

Minha mãe, que se chamava Cleyde, era filha única. Extremamente mimada por seu pai e também muito à frente de seu tempo, começou a trabalhar e fez carreira no mundo corporativo já por volta dos anos 1960. Sua primeira oportunidade foi em uma pequena editora. Imagino que tenha se identificado, pois era uma leitora voraz, mas viu que essa área não lhe proporcionaria grandes oportunidades de crescimento. Logo nos primeiros anos, entrou na área de compras e se tornou uma grande compradora. Como sempre deu bastante atenção à sua carreira, e passava muito tempo fora de casa, minha mãe não desenvolveu a paixão por cozinhar como minha avó e eu. Porém, gostava de comer bem e sabia preparar algumas receitas deliciosas, as quais fazia em alguns feriados e finais de semana, quando estava disposta. Contarei sobre isso um pouco mais a frente neste capítulo.

Talvez meu avô a tenha educado para ser o filho homem que não teve. Era comum antigamente os pais desejarem filhos homens. O interessante de meu avô foi que ele não só a mimou como também a incentivou a lutar, buscar o conhecimento e a ter independência feminina. Mamãe teve a felicidade de sempre poder contar com a presença constante de minha avó, que a ajudou a manter a estrutura de nossa casa impecável para seus 3 filhos. Vovó cuidava muito bem de mim e dos meus irmãos. Era uma verdadeira nona que trazia na alma toda a cultura italiana. Ela foi minha maior influência, como já contei. Hoje penso que minha mãe se colocou na posição de nossa irmã mais velha e se deixou continuar sendo cuidada por vovó.

Minhas primeiras lembranças da infância já trazem muitas panelinhas, uma delícia de quintal e minhas bonecas que a tudo assistiam como convidadas especiais. E era assim, com alguns tijolos e uns pedacinhos de madeira qualquer, que um foguinho era criado e o arroz mantido em um potinho era cozido! Grãos esses roubados da despensa de casa. Organizava festas onde os convidados eram minhas bonecas. Tive a oportunidade de me ver livre e em paz nesses anos para poder voar na imaginação naquele meu pequeno mundo. Aquele punhado de arroz virava um banquete memorável onde reis e princesas compareciam e se fartavam.

Do banquinho para alcançar a pia até dona da cozinha

Nos anos seguintes, por volta dos 5 anos, já me lembro de subir em um banquinho para alcançar a pia da nossa cozinha e, com os ensinamentos da minha avó, preparar minha primeira receita de verdade: "Pãezinhos de minuto". Essa receita e esse fazer permaneceram até por volta dos meus 10 anos como a minha única e grande especialidade.

Todas as visitas eram recebidas com esses pãezinhos. Enquanto vovó conversava com as amigas, eu já ligava o forno e controlava tudo sozinha (dona Rêmula tinha me ensinado a mexer com o aparelho e me deixava manejá-lo) e eu colocava a mesa com lindas toalhas e porcelanas de mamãe. Eu usava um lindo avental rendado e organizava a mesa com chás, geleias, manteiga e meus pãezinhos, é claro, que eram sempre devorados pelos convidados. Eles garantiam muitos elogios e o incentivo certo para que fosse em frente nas minhas aventuras culinárias.

Aliás, ter a permissão de vovó para utilizar o forno para assar meus pães de minuto foi importante para o meu desenvolvimento. Acredito que essa experiência foi a minha primeira "pílula" de autoconfiança: Dona Rêmula, com esse simples e natural gesto, me mostrou o quanto eu era capaz e responsável por fazer tudo o que eu desejasse.

Mamãe tinha muito orgulho por ter ganhado em seu casamento um aparelho de jantar de porcelana inglesa, bem como um faqueiro de prata e muitos cristais. Em seu enxoval não faltaram também toalhas da Ilha da Madeira, outras de linho com seu monograma e muitos jogos com guardanapos bordados.

Era tudo reservado somente para ocasiões especiais. Para receber visitas ilustres! Adorava essa responsabilidade nesses dias, quando poderia livremente impressionar com meus pãezinhos de minuto e uma linda mesa posta.

Certa vez, já na adolescência, eu e meu irmão chegamos em casa e tomamos um susto, pois a mesa de jantar estava toda arrumada com a louça inglesa e os talheres. O convidado especial era o primeiro namorado de minha irmã, que ela havia conhecido nas férias. Senti-me muito traída naquele dia, pois além de não terem contado com a minha ajuda para arrumar as coisas, fomos proibidos de sentar à mesa do jantar. O rapaz era de família tradicional e ficaram com medo que nossas brincadeiras à mesa estragassem a impressão inicial do pretendente. Meu irmão era terrível mesmo e não merecia participar daquele momento, visto que poderia aprontar alguma, mas e eu? A justificativa da minha irmã era de que não poderia abrir exceção. Só adultos. Era muito simbólico para nós o uso dessa louça. Habitualmente quem recebia visitas ilustres em casa era a vovó: vinham seus amigos da comunidade italiana. E me lembro do prazer enorme que sentia em ter a autorização dela para usar a tal louça especial.

Não sei explicar o que aconteceu, mas por volta de meus 12 anos, minha avó precisou se ausentar por uns meses. Nunca soubemos o que houve de fato, porque depois ela voltou normalmente. Senti muitas saudades dela nessa longa separação. E também muita alegria e orgulho porque assumi 100% do controle da cozinha de casa. Conseguia estar com o almoço pronto ao meio-dia em ponto para toda a família. Inclusive, minha mãe, que não se permitia almoçar no trabalho, fazia questão de vir almoçar em casa. Em uma hora de almoço vinha e voltava de ônibus do centro de São Paulo até nossa casa. Era seu esforço para estar com os filhos e fazer uma boa refeição. Apesar de se comportar como uma moderna executiva, minha mãe não abria mão de fazer as refeições conosco, com todos juntos à mesa, num ritual de bons momentos e boas conversas. Era uma mesa que sempre acolhia mais um, ou mesmo mais dois sem aviso prévio.

Outros tempos... ônibus elétrico, mesa farta, tudo servido em abundância e em grandes travessas, com ingredientes suficientes para preparar diferentes pratos e até servir na calçada caso algum pedinte batesse à nossa porta. Dessa forma, eu e meus irmãos podíamos trazer os amigos depois da escola sem avisar, pois seriam com certeza bem recebidos!

Era uma época em que era comum baterem à nossa porta pedindo um prato de comida. Já fazia parte de nossa rotina ver vovó alimentando carentes que se sentavam na nossa calçada e depois devolviam pratos e talheres sujos e a gratidão no olhar. Existia um prazer realmente genuíno naquele gesto. Penso que as memórias de guerra e fome trazidas pelos italianos estavam na base de sua generosidade.

Memórias que justificam uma grande capacidade de administrar sobras e recriar receitas no jantar com ingredientes do almoço. Cresci observando curiosamente essa dinâmica de transformar alimentos e de simplesmente abrir a geladeira e, com ingredientes aparentemente aleatórios e sobras de outras refeições, inventarmos, literalmente, receitas que nos proporcionavam uma mesa colorida e saborosa. Mais ainda, cresci com um exemplo de amorosidade muito grande nesse gesto de alimentar a família.

Observando vovó, criei meu repertório gastronômico-afetivo recheado de receitas baseadas nos hábitos italianos. Eram caldos suculentos de vegetais e músculo bovino que se transformavam em deliciosos "capeletes in brodo" ou numa "zuppa toscana" e "minestrone". O músculo bem cozido que se desmanchava era todo desfiadinho, misturado a muita salsinha, cebolinha picada e temperos e regado no azeite, resultando em uma salada deliciosa que comíamos sempre no almoço do dia seguinte com pão, é claro! Nas noites frias da minha São Paulo dos anos 1960, tomávamos essas sopas geralmente acompanhadas de torradinhas de espinafre. Eram bem fininhas, com uma farta camada de creme da verdura e queijo ralado, gratinadas no forno. Esse pão com certeza eram sobras do café da manhã do dia. Exemplos infinitos de economia doméstica e releituras constantes.

Na culinária de vovó sempre tinha uma "barquinha". Ela era de chuchu, pimentão e muitas vezes abobrinha ou berinjela, que, recheadas com carne moída, cobertas de molho de tomate e queijo mozzarella, eram levadas ao forno e o queijo derretia maravilhosamente. Por sua influência, conservo também o hábito de preparar conservas. De berinjelas, abobrinhas e caponatas deliciosas que acompanham um delicioso pão italiano assado na panela de barro.

Claro que não faltavam as pastas e as parmegianas. Carnes de panela e bife rolê. Era uma cozinha "muito viva", repleta de sons de panelas de pressão apitando, e aromas que logo cedo já tomavam conta de tudo.

Outra memória bem viva é a da quantidade de doces caseiros que tinham lugar garantido em nossas refeições. Eram sempre cerca de 3 tipos e quando um deles estava no final já se preparava outro, desta vez diferente. Os sabores dependiam da sazonalidade, da disponibilidade da despensa, das sobras do dia a dia e de nossos desejos, é claro! Eram compotas de abóbora com coco, bananada, doce de leite, goiabada e tantos outros doces. Tínhamos também a famosa receita da vovó Raquel, na verdade minha bisa que não conheci, mas que se eternizou na família por sua receita de caçarola italiana.

Um costume que dava imenso prazer a vovó e o qual me pego repetindo vez por outra é de presentear a visita com um vidrinho ou porção do doce servido na sobremesa, sempre que genuinamente elogiado. É o desejo de compartilhar, dividir e estender o prazer gastronômico.

Mais tarde, quando vieram anos mais difíceis de inflação e desemprego, mamãe reclamava, pois trabalhava muito para que vovó pudesse "alimentar o mundo". Essa era a expressão que mamãe costumava usar, porque vovó insistia e se realizava muito convidando as visitas para ficarem para o almoço, lanche ou jantar.

Era tempo também de leite em garrafa de vidro, distribuído pela companhia Leco, que deixava garrafas cheias e levava as vazias. Na nossa porta eram 3 litros por dia. Nos vizinhos variavam entre 2 e 4.

Nas festinhas lá de casa, tinha que ter o sanduichinho de pernil. Até posso sentir seu aroma e sabor divino. Todos os nossos aniversários eram celebrados com muita alegria. Os convidados eram nossas "tias" e suas famílias. Mamãe, por ser filha única, cultivou algumas amigas desde a infância, as quais se tornaram nossa família mais próxima. Seus filhos eram nossos "primos" de coração.

Supermercado como "escola" e receitas mais sofisticadas

Com mamãe e suas amigas, "minhas tias", avancei para um conhecimento mais gourmetizado da cozinha, digamos assim. Elas viajavam para a Europa e desenvolveram hábitos de trocarem receitas de sobremesas e pratos mais elaborados. Mamãe costumava preparar essas receitas aos domingos. Eram pratos da moda, tais como cuscuz paulista, arroz de forno – na época chamado de "risoto" –, coquetel de camarão e a maionese, que era batida em casa, misturada com atum, camarão ou frango e feita de batata espremida. Por cima, esfarelava uma gema de ovo para enfeitar. Mas a sua especialidade mesmo eram os bolos de aniversário. Mais especificamente um pão de ló que sempre fez muito sucesso. Dona Cleyde não era tão criativa e fazia esse bolo sempre com os mesmos recheio e cobertura, sem ousar adaptações. Ela seguia a receita. Simples e delicioso, mas sem aventuras!

O que ninguém nunca soube é que a receita do tal pão de ló, que lhe deu tantos créditos, foi trazida por mim, ainda uma pré-adolescente, de um dos cursos de arte culinária que frequentava nas férias escolares.

Eu esperava muito pelas férias para poder me matricular nos cursos patrocinados pela Walita e pela Nestlé. Eles aconteciam dentro do supermercado e eu ia a pé de casa.

Vale esclarecer que não eram cursos direcionados a crianças. Eram senhoras que participavam e eu normalmente era a única menina no meio delas. Séria e comportada, costumava ser a ajudante mais requisitada pela professora. Quando voltava para casa, era sempre incentivada a reproduzir as receitas e recebia o merecido prestígio da família. Adorava colecionar os diplomas que recebia no final dos cursos.

Meu bairro de infância, a Aclimação, era muito familiar e de certa forma bucólico! Um ar de cidade de interior dentro da grande capital. Há mais de cinquenta anos isso era possível.

Ainda na Aclimação, me lembro de nossa família ter construído uma linda amizade com uma família vizinha. A filha mais velha, Marita, se transformou em uma grande amiga da minha irmã. Aconteciam em São Paulo todos os anos algumas feiras no pavilhão do Ibirapuera. Uma delas era o "Salão da Criança", e um dia meu pai nos levou para prestigiar a caçula da tal família, a Márcia, que participaria de um concurso culinário para crianças.

Foi muito sofrido pra mim assistir àquelas crianças e não poder participar porque não tinha sido inscrita. As receitas deste concurso foram publicadas pelo patrocinador e eu até hoje faço saudosamente o bolo de banana da Márcia. Meu sonho era participar de tudo o que envolvesse a culinária. Meus pais não tinham ideia na época do quanto cozinhar teria um papel central em grande parte da minha vida adulta. Na visão deles e das famílias de imigrantes, era natural ter um ou mais membros com maior interesse nas atividades culinárias do dia a dia, e os aprendizados da cozinha eram transmitidos de maneira informal no convívio entre parentes e amigos. Não havia o costume de proporcionar a quem gostasse de cozinhar oportunidades que fossem além das tradições e aprendizados vividos em casa. Assim, meus pais pouco me incentivaram a participar de eventos, cursos e treinamentos de cozinha.

Talvez a Márcia, nossa vizinha, nunca mais tenha feito o Bolo de Banana depois do concurso, e nem tenha, assim como eu, tantas recordações do nosso bairro de infância, a Aclimação. Mas cá estou, depois de mais de cinquenta anos, repleta de doces memórias sempre relacionadas desde cedo a experiências culinárias e preparando até hoje essa doce receita.

Além de comermos as delícias que minha avó, eu e mamãe preparávamos em casa, tínhamos duas grandes atrações no bairro. A "Doceria Bolonha", localizada na parte alta do bairro, na rua Topázio, foi fundada em 1925 pelo simpático casal senhor Antonio e dona Yolanda. Não me recordo de nada além de um percurso cansativo que era totalmente recompensado ao chegarmos. A Doceria Bolonha foi meu primeiro contato com a confeitaria, porque na nossa casa havia muitos doces caseiros e algumas sobremesas especiais, mas nada comparado àquela confeitaria que, apesar do nome italiano, oferecia muito mais que zuccotto, panna cottas, zeppole e cannollis. Eram sobremesas de origens austríaca e francesa das mil folhas, bombas e éclairs... Era um passeio de domingo à tarde. Aquela vitrine me encantava. Descobri recentemente que a Bolonha permanece ativa até hoje, com novos proprietários, na Rua Augusta.

A outra grande atração era a lanchonete Brazilian's. Lá conheci as enormes taças de sorvetes sundae, banana split, vaca preta e amarela (sorvetes batidos com coca-cola ou fanta). A maior parte das crianças e adolescentes frequentava a lanchonete aos domingos. Era um ponto de encontro. Eu precisava decidir, pois com minha pequena mesada não poderia escolher as duas, então frequentemente optava pelo Bolonha. Aquela vitrine elaborada me encantava muito mais.

Papai, panquecas e o Arroz de Braga

Desde pequena fui muito próxima de meu pai Aloysio. Embora ele tivesse em sua descendência o sangue de portugueses mesclado com índios mato-grossenses, aprendeu com a família de mamãe os valores italianos de uma boa e farta mesa.

Não tínhamos o hábito de frequentar restaurantes. Eram outros tempos. Nos finais de semana, quando estávamos todos em casa, mamãe gostava de se aventurar na cozinha com receitas mais extravagantes. Tenho ótimas lembranças, principalmente de ver a alegria e o prazer de papai ao degustar suas novidades.

A principal foi quando comprou as taças e fez muito suspense para servir um lindo "coquetel de camarões". Foi um almoço memorável. Aliás, camarão e bacalhau eram sempre as estrelas dos almoços preparados por mamãe aos domingos, em família.

Papai gostava de calcular o quanto custaria aquele almoço em um bom restaurante. Assim, nos divertíamos na mesa com esses cálculos e com os intermináveis elogios dele à mamãe naquele nítido prazer que nos envolvia.

Pelo fato de sairmos tão pouco em família e de serem tão raras naqueles tempos as refeições fora de casa, os poucos restaurantes a que fomos se tornaram inesquecíveis em minha memória.

Quando estávamos próximos do meu aniversário que "imagino" ser de 9 anos, papai chegou muito entusiasmado em casa com a novidade de que tinham inaugurado um restaurante na avenida Angélica, próximo a seu trabalho, chamado "A Panqueca". Seu entusiasmo se devia ao fato de ser panqueca o meu prato preferido. Então veio a promessa de que iríamos todos lá celebrar a data. E adoramos jantar muitas panquecas e, principalmente, foi nesse dia que descobri que panqueca poderia ser doce também. Todas as semanas, pelo menos uma vez, tinha panqueca em casa, e a partir daí vovó começou a guardar uma massinha para minha sobremesa que, na maioria das vezes, vinha recheada de doce de leite feito por ela, um dos meus preferidos. Nunca mais voltamos no "A Panqueca". Mas confesso que segui preferindo as de vovó.

É impressionante como repetimos os modelos. Eu sigo adorando uma ocasião especial para preparar uns camarões graúdos e frescos ou uma boa bacalhoada.

Quando os meus pais se separaram, ele foi morar no Rio de Janeiro onde tinha familiares. Imagino que tenha sentido muita falta da gente e sofrido muito com uma mudança tão radical.

Lá, sem os mimos e cuidados de vovó, ele aprendeu a se virar e encontrou uma especialidade para poder receber os filhos nas férias. Esse prato escolhido foi o "Arroz de Braga". Virou uma verdadeira tortura entre meus irmãos saber que iríamos chegar lá e ter novamente aquele almoço por alguns dias, porque ele exagerava muito na quantidade e o panelão assustava.

O problema maior foi o excesso de elogios que ele recebeu no início, que o fez acreditar que todos adoravam o prato. Não é que fosse ruim, mas era uma mistureba danada que, por ser um prato único, nos enjoava rapidamente. Mas virou uma piada interna de família, que por si só já nos deixa saudosas lembranças.

Minhas idas ao Rio de Janeiro para estar com papai eram aguardadas com muita ansiedade por nós dois. Recordo-me de sentir muitas saudades de nossa convivência divertida e amorosa. Para ele, receber os filhos era motivo de muita festa, quando se preparava para nossa chegada, indo às compras e enchendo sua despensa e geladeira de tudo de mais gostoso que pudesse encontrar. Ele havia assimilado todo o lado acolhedor da família de mamãe. Seu maior prazer era que levássemos amigos para as férias em sua casa no Rio de Janeiro, onde os drinks e aperitivos eram seu ponto forte!

Todos eram sempre muito bem-vindos. Nossa família sempre gostou de ter seus momentos de convívio em casa. Meu pai não gostava de viajar e se ausentar. Queria todos a sua volta. Quando estava no Rio, ele era o centro das minhas atenções. Eram momentos em que descontraidamente ele me contava sobre suas técnicas de liderança e vendas e de todas as etapas e dificuldades que havia encontrado para construir sua bem-sucedida carreira. Atenta e interessada, eu absorvia com muito orgulho, mal sabendo que ali nasceria uma das minhas maiores influências empreendedoras, meu pai.

Passei minha adolescência praticamente toda nessas idas e vindas ao Rio de Janeiro nas férias escolares. Durante o período letivo, eu aproveitava minha facilidade em executar guloseimas, e sempre que desejava comprar algo, como um disco LP novo, eu preparava algo para vender aos colegas na escola. Brigadeiros, paçoquinha e bolo de chocolate em pequenos quadradinhos tinham grande aceitação e facilidade nas vendas.

No próximo capítulo contarei sobre as influências, lições de dedicação, amor ao trabalho, liderança, construção de relacionamentos e atendimento ao cliente que recebi não só do meu pai, mas também de minha mãe e de algumas outras pessoas. Tais aprendizados têm sido fundamentais ao longo de minha vida profissional.

PÃOZINHO DE MINUTO

Ingredientes

22 colheres de sopa de farinha de trigo;
8 colheres de sopa de açúcar;
3 colheres de sopa de manteiga ou margarina;
1 ½ colher de sopa de fermento em pó;
3 ovos;
leite para amassar.

Modo de fazer

Misture todos os ingredientes. Deixe a massa um pouco mole, divida em porções, abra com a mão. Se desejar, você pode colocar algum recheio a gosto, como, por exemplo, goiabada.
Dê forma de pãezinhos, coloque em assadeira untada e enfarinhada.
Pincele com uma gema de ovo misturada a 1 colher de chá de café.
Leve ao forno pré-aquecido a 220°C por cerca de 20 minutos.

TORRADINHA DE ESPINAFRE

Ingredientes

1 maço de espinafre;
3 colheres de sopa de manteiga;
300ml de leite integral;
1 colher de sopa de farinha de trigo;
queijo ralado para polvilhar;
sal, pimenta do reino branca e noz moscada ralada à gosto.

Modo de fazer

Corte o pão em fatias finas e disponha sobre uma assadeira.
Use sobras de espinafre, mas se for espinafre fresco, lave bem apenas as folhas e pré-aqueça uma panela grande. Mexa as folhas na panela quente até murcharem bem sem adicionar nada.
Espere esfriar, esprema bem com as mãos para tirar todo excesso de água e pique bem batidinho com a faca.
Em uma panela, coloque o espinafre picadinho com 2 colheres cheias de manteiga e espere derreter.
Misture uma colher rasa de farinha de trigo, e dê uma cozinhada nessa farinha com manteiga e em seguida vá adicionando leite gelado o suficiente para dissolver tudo e formar um creme bem firme.
Tempere com sal, pimenta do reino branca e noz moscada ralada.
Com uma colher pequena, vá colocando uma farta camada em cima de cada torradinha e alise com uma faca.
Polvilhe queijo ralado e leve ao forno para torrar e gratinar.

Opcional: regar as torradinhas com um fio de azeite antes de colocar o creme de espinafre trará mais uma camada de sabor!

ZUPPA TOSCANA

Ingredientes

2 litros de caldo de frango caseiro preparado antecipadamente;
4 folhas grandes de couve;
3 gomos de linguiça calabresa cortadas em fatias finas;
3 cebolas;
6 dentes de alho;
4 batatas;
100g de bacon picado;
1 frango inteiro cortado em pedaços;
1 maço inteiro de salsinha e cebolinha frescos;
3 folhas de louro;
alguns grãos de pimenta do reino;
1 cenoura grande inteira;
3 tomates maduros;
sal e pimenta calabresa moída à gosto.

Modo de fazer

Leve a linguiça para uma panela para fritar bem. Acrescente o bacon e em seguida a cebola picadinha e o alho espremido. Misture o caldo de frango e acrescente as batatas picadas em cubos grandes. Deixe cozinhando até a batata ficar bem cozida. Tempere com sal e pimentacalabresa moída na hora e jogue 4 folhas grandes de couve rasgadas na mão. Tampe a panela e espere por alguns minutos até murcharem.
Se desejar, misture 1 caixinha de creme de leite antes de servir.

Modo de fazer o caldo de frango

Leve em uma panela bem grande 1 frango inteiro previamente bem lavado com água e vinagre e cortado em pedaços. Tire o máximo de pele que conseguir.
Adicione 1 maço inteiro de salsinha e cebolinha frescos, 3 folhas de louro, 1 cebola grande inteira, 3 cabeças de alho, alguns grãos de pimenta do reino, sal, 1 cenoura grande inteira e 3 tomates maduros. Complete com água quente até cobrir bem tudo. Deixe ferver em fogo médio por cerca de 60 minutos. Deixe esfriar na própria panela. Retire os pedaços de frango e peneire o resto apertando tudo para aproveitar ao máximo os sabores.
Deixe na geladeira de um dia para o outro para que a gordura se cristalize na superfície. Retire-a delicadamente com um papel toalha e descarte. Utilize vidros esterilizados (basta ferver de cabeça para baixo por cerca de 30 minutos). Feche bem e mantenha em geladeira por até 72 horas ou congele por até 12 meses.
Se decidir congelar, preencha no máximo 90% do volume de cada vidro, pois ao congelar ele dilata no freezer. Use no preparo de sopas e risotos.

CAÇAROLA ITALIANA DA VOVÓ RAQUEL

Ingredientes

5 ovos;
½ kg de açúcar;
5 colheres de sopa de farinha de trigo;
5 colheres de sopa de queijo ralado – parmesão ou meia cura;
1 colher de sopa rasa de fermento em pó;
500ml de leite.

Modo de fazer

Bata tudo no liquidificador e coloque em forma untada e enfarinhada. Leve ao forno pré-aquecido em 220°C por aproximadamente 35 minutos.

SANDUICHINHO DE PERNIL

Ingredientes

1 pedaço de pernil de aproximadamente 800g sem excesso de gordura;
2 cebolas picadas em cubos bem pequenos;
3 dentes de alho;
3 colheres de sopa de azeite para selar a carne;
3 folhas de louro;
2 ramos de tomilho ou alecrim a gosto;
1 colher sopa molho inglês;
3 tomates maduros batidos com 1 xícara de água e peneirados ou 1 lata de tomate pelado;
1 pimentão vermelho cortado em cubinhos bem pequenos;
1 maço pequeno de salsinha e cebolinha bem picadinha;
sal e pimenta do reino a gosto.

Modo de Fazer

Leve a carne à panela pré-aquecida com o azeite e vá fritando até ficar bem selada.
Retire-a e reserve. Acrescente um pouco mais de azeite e refogue a cebola, o alho e o pimentão. Volte a carne e mexa bem para aproveitar o fundo da panela.
Acrescente o tomate batido, o molho inglês, uma pitada de sal e feche a panela.
Deixe cozinhar por 40 minutos.
Abra a panela, desfie com 2 garfos a carne e deixe reduzir bem o molho.
Corrija o sal e a pimenta, misture a salsinha e sirva recheando pequenos pãezinhos.

Dica

Corte apenas um pedaço da lateral do pão, tire um pouco do miolo do pão e com a ajuda de uma pequena colher recheie fartamente.
Deixe o forno bem quente e depois desligado com os pães dentro enquanto recheia.
Servir o sanduíche com o pão bem crocante e quentinho fará toda a diferença no lanche.

Rendimento

12 unidades de mini sanduíches

MINHA MASSA DE PÃO DE LÓ DA MAMÃE

Ingredientes

4 ovos;
1 xícara de chá de açúcar;
8 colheres de sopa de água;
1 ½ xícara de farinha de trigo ou 2 rasas;
1 colher de chá de fermento em pó.

Modo de fazer

Bata muito bem as claras até o ponto de neve bem duras, coloque as gemas uma a uma, sempre batendo. Não se apresse. Bata muito bem. Coloque açúcar, as colheres de água uma a uma, sempre batendo.
Desligue a batedeira, e coloque a farinha misturada com o fermento, mexendo em movimentos circulares delicados até incorporar bem.
Leve ao forno pré-aquecido a 220ºC em forma untada e de preferência com papel manteiga recortado no fundo, por aproximadamente 20 minutos. Espete um palito no meio da massa para conferir. Se estiver bem assada o palito sairá seco.

Dicas Úteis

Feche as portas e janelas sempre que for abrir a porta do forno.
Seque bem a tigela onde serão batidas as claras.
Peneire o açúcar antes de usar.
Use peneira para despejar a farinha com o fermento porque, além de refinar a farinha, facilita para incorporá-la mais facilmente.
Se quiser um pão de ló de chocolate, substitua metade da farinha por chocolate em pó ou cacau em pó, dependendo do paladar que se deseja, mais doce ou mais amargo.
Você pode substituir a água por suco natural de laranja-pera, espremida e coada na hora, o que é indicado para bolos brancos com recheios de frutas.
Dê preferência a ovos brancos, bem grandes e frescos, sempre em temperatura ambiente.
Nunca deixe o bolo esfriar dentro do forno que ainda está morno.
Recomendo que tire do forno para esfriar em um local sem correntes de ar.

BOLO DE BANANA DA MÁRCIA PAZ

Ingredientes

5 bananas nanicas maduras;
5 ovos inteiros;
1 lata de leite condensado;
2 colheres de sopa de chocolate em pó;
2 xícaras de chá de farinha de rosca;
1 colher de sopa de fermento em pó.

Modo de fazer

Bata tudo em liquidificador, com exceção do fermento e da farinha de rosca, que deverão ser misturados, em uma tigela à parte, com o líquido, depois de bem liquidificado.
Despeje em assadeira retangular de aproximadamente 34 x 23cm, untada e polvilhada com chocolate em pó ou qualquer outro formato que deseje.
Leve para assar em forno pré-aquecido a 220 °C por cerca de 30 a 40 minutos.
Depois de assado, espere esfriar e polvilhe com açúcar e canela misturados na proporção desejada.

COQUETEL DE CAMARÃO

Ingredientes

½ kg de camarões miúdos;
12 camarões grandes;
Para o "molho Golf":
½ xícara de chá de ketchup;
½ cálice de gim;
2 copos de maionese;
1 copo de creme de leite;
1 colher de sobremesa de molho inglês.

Modo de fazer

Limpe os camarões e reserve.
Mantenha o rabinho e parte da casca dos camarões grandes.
Ferva em uma panela água com sal e cozinhe os camarões rapidamente por cerca de 2 minutos. Espere esfriar bem.
Prepare o molho misturando todos os ingredientes.
Pique os camarões pequenos e misture também.
Coloque gelo triturado na parte de baixo da taça.
Coloque o creme de camarões dentro da taça e enfeite com os camarões grandes encaixando-os ao redor da borda.
Enfeite com um galhinho de salsa.
Se não tiver taças próprias, improvise com alguma outra taça de boca mais aberta e sirva bem gelado.

Dica

Dê preferência a camarões frescos e a maionese feita em casa.
Se isso não for possível, escolha uma que seja de boa qualidade.

Capítulo II

Capítulo II

Influências que me tornaram uma empreendedora

Algumas pessoas foram fundamentais para que eu desenvolvesse o meu lado empreendedor e de liderança. Meus modelos foram fortes, convictos, seguros e decididos.

Meus aprendizados com mamãe

Com o exemplo de mamãe, aprendi a também gostar muito de receber em casa, retribuir e homenagear pessoas queridas.

Minha mãe Cleyde era uma mulher de opinião. Admirada por todos. Casou-se aos 18 anos, quando, na verdade, seu maior sonho era ir para a universidade cursar Jornalismo. O destino das mulheres nos anos 1950 dificilmente a levaria por esse caminho. Meu pai, logo em seguida, quis tentar uma sociedade em Mato Grosso, onde ela descobriu uma realidade bem adversa àquela que estava acostumada. Meu pai teve lá suas primeiras lições de empreendedorismo, decepcionando-se na sociedade e falindo. Voltaram para São Paulo alguns anos depois, já com dois filhos e o estigma do desemprego.

Ele tinha essa alma livre e criativa, mas em casa a pressão por resultados era grande. Ele adorava me contar que conseguiu seu primeiro emprego de verdade, onde foi realmente feliz, no dia em que eu nasci. Foi ser paisagista e trabalhou por alguns anos em uma empresa sólida da área. Aprendeu tudo sobre plantas e, com bom gosto e seu jeito fácil de se relacionar, transmitia segurança para que grandes projetos fossem implementados.

Mamãe precisou se munir de muita força para o enfrentar e com a ajuda de minha avó conseguiu seu primeiro emprego. Eu era bem pequena. Essas histórias cresci ouvindo-as, porque minhas memórias mais antigas já me levam para a realidade de ter sido praticamente criada por vovó. Nunca mais mamãe se submeteu às aprovações de papai. Era independente, respeitada e admirada por ele.

Cresci acreditando que é assim que tem que ser um relacionamento a dois: uma boa relação de interdependência e não de dependência. Relaciono a admiração ao amor. A parceria ao desejo. A independência de cada um ao sucesso dos dois.

Quando o assunto era trabalho, mamãe era incansável e disciplinada. Séria e metódica. Ética e generosa. Com seu temperamento agregador, foi somando uma legião de admiradores por todas as empresas nas quais trabalhou. Porque ela era assim, inquieta, e não temia as mudanças que a ajudariam a preservar seus valores.

Na área de compras dos anos 1970, não era comum ver mulheres. Ela nem discutia essas discriminações, só ia em frente, denunciando se preciso fosse e promovendo melhorias para as demais colegas de todos os setores, porque se preocupava com elas. Fazia as pontes necessárias para que viessem promoções, melhorias salariais e reconhecimentos para as mulheres que trabalhavam em sua empresa. Sua autoconfiança gerava novos convites e deixou legados por onde passou. Depois do mercado editorial, passou pela indústria de televisão, eletrodomésticos, papel e celulose, engenharia civil e elétrica.

Era impressionante o quanto era solicitada para indicar candidatos a vagas de empregos. Encaminhava currículos e fazia as apresentações. Assim, ia conseguindo colocações para todo mundo. Eu diria que poderia ter sido uma grande headhunter e que poderia também ter lançado algum livro com o título O poder do networking. Isso em tempos em que essas palavras não eram usadas; sua credibilidade a levava a resultados incríveis sem nunca ter se beneficiado de nada. Era interesse natural pelo próximo, vontade verdadeira de ajudar as pessoas a evoluir, a melhorar, a ter dignidade pelo trabalho e a adquirir independência financeira.

Com ela aprendi sobre ética, discrição, força e sedução. Sim, mamãe seduzia os que a rodeavam em todos os ambientes e rapidamente se tornava o centro das atenções. Colecionava tantas amigas de diferentes gerações e níveis socioculturais que costumava me ensinar que para cada situação a gente precisa ter um tipo de amiga. Que nem todas vão servir para tudo. Assim, ela tinha boas companhias para viajar, aquelas que eram suas confidentes nos momentos difíceis, as companheiras alegres para apenas rir e dançar etc. Sua casa se tornou o ponto de encontro de todas as suas amigas nos seus últimos anos de vida, enquanto lutou bravamente contra um câncer, mieloma múltiplo. E faleceu jovem aos 72 anos.

Meus pais tinham em comum serem grandes comunicadores, carismáticos, generosos e que se realizavam muito através de suas atividades profissionais. Aprendi com eles o valor do trabalho. Ambos me incentivaram desde cedo a ter a minha profissão, buscar ser independente e andar com as minhas próprias pernas. Levei isso tão a sério que consegui a minha liberdade financeira ainda bem jovem, pois entendi que era a única forma de conquistar respeito e autonomia.

Que privilégio ter em casa modelos e exemplos tão fortes e que delegaram com maestria os cuidados do dia a dia para vovó, tão sábia, cheia de vida, energia e amor, tão disposta e animada a cuidar e a se dedicar a nós todos com tanto carinho! Talvez a pessoa mais disposta que eu já tenha conhecido, que não sabia o significado da palavra preguiça. Ela topava qualquer coisa a qualquer hora, mesmo que exigisse largar tudo para realizar nossos desejos. Aliás, foi com ela que aprendi a me entregar ao outro, a cuidar com amor, a me dedicar com prazer e a ter compaixão. Aprendi também o amor ao serviço voluntário desprovido de outro interesse que não fosse ajudar ao próximo.

Lições de pai para filha

Com meu pai Aloysio aprendi a receber carinho, afeto, mimo e autonomia. Ele só me dizia "Vá e faça! Você pode! Você sabe". Sempre deixou claro que estaria lá, por mim. Mas nunca me disse exatamente o que eu deveria fazer. Fui muito incentivada por ele, que me passava muita confiança, me dando a certeza e liberdade para buscar meus sonhos, voar, imaginar e criar.

Da empresa de jardins, papai foi para o ramo imobiliário. Nos anos 1970, existiam apenas duas grandes imobiliárias em São Paulo, que concorriam pelo boom de crescimento da capital. Ele imprimiu aos negócios sua personalidade inteligente e perspicaz de obter resultados. Na verdade, ele não premeditou nada, ele apenas foi sendo incentivado a ser o que ele realmente gostava de ser: amigo dedicado e agregador. Com grande capacidade de liderança, saiu rapidamente do posto de corretor de imóveis e chefiou uma equipe de vendedores. Chegou até a dirigir a imobiliária com dezenas e dezenas de colaboradores. Começou a obter tanto sucesso que era frequentemente convidado a ministrar cursos de vendas. Ele adorava me explicar o conteúdo desses cursos. Vendo meu interesse pelo assunto, ele me colocava como protagonista enquanto preparava seus "cases". Assim foi colecionando troféus e celebrando cada vitória. Comprava um barril de chopp, levava todos os rapazes para nossa casa, e se divertiam quando fechavam grandes vendas ou batiam metas. Persigo esse exemplo de celebrar conquistas com minhas equipes.

Alegre e bem-humorado, o papai era aquela pessoa que já entrava no elevador cumprimentando todo mundo, e brincava com as pessoas, do porteiro ao dono da empresa. Ele tinha essa leveza no convívio que fazia com que gostássemos dele e preocupava-se com o bem-estar de todos com quem convivia. Ajudava a comprar remédio para o fiho do porteiro; organizava a arrecadação para as cestas de Natal dos funcionários; e era atencioso com o manobrista (conversavam sobre futebol), o office boy (que recebia sua lição de como se comportar melhor) e a secretária (para quem ele dava alguma dica de como conquistar um namorado). E assim ele ia ao longo do dia.

Aprendi com ele que a melhor técnica de vendas é desejar verdadeiramente a satisfação e o bem-estar do cliente. Ele se colocava no lugar do outro com empatia. Muitas vezes, se mostrava mais preocupado em resolver os problemas da clientela do que pensar nos ganhos que aquela venda lhe proporcionaria.

Ele costumava contar casos em que renunciava a uma venda de um imóvel de valor mais alto por ser transparente e mostrar ao cliente certas dificuldades práticas que ele, o cliente, teria com a localização, por exemplo. Agir dessa maneira fazia com que os compradores desenvolvessem uma grande confiança em papai. Assim, acabavam comprando outros imóveis que ele sugerisse para moradia ou investimento. Além disso, passavam a indicá-lo para amigos, parentes e outros conhecidos. Meu pai ia além dos negócios e desenvolvia boas amizades com vários clientes. Era mestre em atender bem a clientela.

Aprendi com seu exemplo que, ao termos um amor genuíno pelo trabalho, o resultado financeiro vem como consequência. A obtenção dos lucros não pode ser a motivação primeira e maior. Porque, dessa forma, o trabalho perde grande parte do propósito e torna nosso dia a dia cansativo, exaustivo e doentio. É um processo que leva à estafa mental e à fadiga física. São as pessoas que não se divertem pelo caminho, que não se realizam com cada degrau alcançado, que não se orgulham de sua própria evolução no aprendizado. Tudo vira uma grande obrigação. Uma atividade sem paixão, cujo único sentido é ganhar dinheiro não se sustenta a longo prazo. Quem vive assim corre e luta para se aposentar o quanto antes.

Depois do ramo imobiliário, papai migrou para a indústria de embalagens. Ele ia muito além de vender. Aprendeu tudo sobre embalagens. Com ele, conheci linhas de produção de várias empresas de biscoitos, cafés, cervejas e tantas outras, a maioria do setor alimentício. Ficava fascinada com os processos industriais. Ele desenvolvia ações, agregava valor nas vendas ao prestar verdadeiras consultorias aos clientes. Fazia amizades tão profundas com os donos das empresas atendidas que chegava a se responsabilizar por ajudar as novas gerações a assumirem as operações. Gostava de ensinar e orientar novos sucessores, os quais chamava de "meus amigos". Estabelecia relações de tanta confiança que, em alguns casos, ele determinava o quanto o cliente deveria comprar de embalagens, projetando as previsões de fabricação e crescimento, avaliando inclusive possíveis altas de preços versus necessidades.

Acreditei firmemente nas suas palavras desde bem pequena, quando dizia que não existe dinheiro fácil e que nenhum outro meio que não seja o trabalho leva à conquista financeira. A expressão que ecoa nas minhas memórias, frequentemente usada por ele, é a de "não se iluda... não tem almoço grátis!"

Trabalhou até o fim da vida. Aos 82, fez um acordo com a empresa para se demitir, pois estava cansado. Eles pediram que continuasse atendendo pelo menos a um cliente que representava muito da sua carteira. A fidelidade desse negócio à figura de papai devia-se ao medo de que sua saída provocasse a interrupção do fornecimento das embalagens para aquele cliente.

Mensalmente era um ritual. Ele precisava ir até Volta Redonda. O proprietário da torrefação já havia morrido e as filhas herdeiras diziam que ele não precisaria mais ir até lá, que poderiam conversar por telefone. Ele se recusava e dizia não fazer sentido, que pessoalmente ele poderia avaliar muito melhor todas as necessidades da empresa. E dava sua ajuda. Aos 90 anos decidiu por si só que não renovaria sua carteira de motorista e que a partir de então iria de ônibus, bem mais confortável. Demos risada porque entendemos que ele já sabia que não pretendia correr o risco de ser reprovado no exame.

Quando eu o visitava no Rio de Janeiro, ele fazia questão de me buscar e levar ao aeroporto. Desde os 15 anos foi assim. Essa logística de me buscar envolvia estacionar e chegar com muita antecedência. Ficava aguardando na porta automática minha chegada para dar aquele longo e carinhoso abraço e repetir muitas vezes o quanto tinha sentido minha falta. E a rotina se repetia na volta. Na despedida ele dizia, incansavelmente, por muitas vezes, o quanto iria sentir saudade. Mas depois ficávamos um bom tempo sem nos falarmos – levaria ainda vários anos para os primeiros celulares surgirem. Papai nunca foi controlador. Tinha segurança na boa educação e nos valores que, junto com a mamãe, transmitiu para mim e meus irmãos. Se eu precisasse dele para qualquer coisa, ele sempre estaria lá por mim. Nunca tive dúvidas disso.

Nos seus últimos anos de vida, a ida ao aeroporto foi ficando difícil, pois ele saía da Barra da Tijuca pela Linha Amarela até chegar ao Galeão, trafegando pela pista da esquerda e rindo das pessoas que o ultrapassavam pela direita, bravas pela baixa velocidade. Ao ser questionado do porquê de ele insistir tanto em fazer isso, apenas dizia: "Eu me acostumei a andar na esquerda e esqueço". E completava: "Deixa eles para lá!". Começou a ficar bem tenso andar com ele ao volante.

Finalmente, quando deixou de dirigir, conseguiu um motorista que fazia com ele todo o ritual de que não abria mão, e que o deixava tão, mas tão feliz: ir me receber no aeroporto do Rio para ficarmos juntos.

Era teimoso e muito convicto em suas opiniões. Acho que minha determinação tem um pouco dessa genética e influência. Também sou. Reconheço.

Aprendi muito da vida empresarial com meu pai. Tenho inúmeras memórias. Recentemente minha gerente de loja Kopenhagen, a Carla, trouxe, assustada, os rumores de uma possível chegada do Starbucks no nosso Mall em Vinhedo. Imediatamente me lembrei da lição de meu pai sobre a concorrência.

Numa ocasião, quando eu e meu ex-marido procurávamos um ponto comercial para abrir um café e ele, meu pai, seria o fiador, eu disse que o local era ótimo porque não tinha nada similar por perto. No que ele me respondeu prontamente ser isso um péssimo sinal. E me questionou: "Por que será que ninguém quis montar nada lá naquele local? Ponto bom é ao lado da concorrência... veja a Rua da Consolação em São Paulo: quantas lojas de lustres há uma ao lado da outra!"

Respondi para a Carla: "Que ótimo! Que venham!" E ainda com lágrimas de saudades nos olhos, disse a ela o que meu pai me ensinou há tantos anos.

Trabalho voluntário na AACD

Sempre me encantou ver vovó costurando para ajudar as mães, assim como observar como meus pais ajudavam tantas pessoas no dia a dia profissional. Aos quinze anos, surgiu em mim um forte desejo de fazer algo além de ir à escola e estar com amigas. Eu queria realizar algo significativo, então comecei a recortar oportunidades nos classificados do jornal. Quando fui comunicar isso à mamãe, ela não me autorizou nem aprovou a ideia, mas me devolveu uma opção de caminho, dizendo que, já que eu desejava tanto, por que não iria trabalhar como voluntária em alguma instituição?

E foi assim, com apenas 15 anos, que consegui ser aceita na AACD como voluntária. Eu tinha que me comportar e agir como se tivesse 18, que era a idade mínima exigida. Ninguém poderia saber, era a recomendação da presidente das voluntárias. Bem cedo descobri a adversidade. Descobri também o prazer de estar com as crianças e me divertir com elas. Encarei o desafio com tanta responsabilidade que alcancei as primeiras 1000 horas em pouco mais de um ano. Por esse feito, éramos homenageadas com o "lírio de ouro", o símbolo da instituição para usar na lapela do uniforme. Quanta honra! Passei por todos os setores e tive dessa forma oportunidade de conhecer as diferentes rotinas que envolvem uma instituição desse porte. Trabalhei diretamente com Dr. Renato da Costa Bonfim, o fundador.

Adorava estar com as crianças. Era apaixonada por ajudar a promover seu desenvolvimento. Aos domingos, frequentemente ia assistir à missa com os internos e depois eles brincavam livremente, pois era um dia em que sentiam falta da presença das voluntárias. Fui influenciada pelo Dr. Bonfim a estudar Educação Física, com a promessa direta dele de que ao me formar iria para a entidade-irmã nos EUA, que estava bem mais adiantada em esportes em cadeiras de roda, para trazer as experiências de lá para implantarmos aqui. Foi assim que me decidi por estudar Educação Física.

Ele era um médico maravilhoso, extremamente dedicado à reabilitação e à causa da AACD, hoje conhecida por "Centro de Reabilitação Dr. Renato da Costa Bonfim". Extremamente rígido e completamente dedicado à causa, ele se envolvia com tudo e por todos. Gastava quase a totalidade de seus dias dentro da instituição. Observava atento cada detalhe e não media palavras quando se exaltava por atitudes erradas que observasse.

Quando constatava a presença de uma voluntária nova como eu era, e tão dedicada, se empenhava, mandava chamar, convidava para estar ao seu lado. Isso aconteceu comigo, é claro. Ele tinha um livrinho que logo no primeiro contato com ele já ganhávamos. Chamava-se "Mensagem à Garcia". Hoje vejo o quanto fui influenciada por esse homem a quem tanto temíamos e que não admitia um "não é possível", "eu não consigo" ou "não vai dar". Garcia era um soldado que viajou pelo mundo com a responsabilidade de entregar uma mensagem, sem nunca desistir... não me lembro bem dos detalhes da história, mas sei que ele enfrentou a guerra todinha e passou por mil situações até finalmente conseguir entregar a tal mensagem. Fui forjada desde então a não desistir jamais de nenhum objetivo traçado. Eu, tal como Garcia, não admito a possibilidade de desistir no meio do processo e ou do caminho! Com certeza a lição do soldado ficou impregnada no meu modo de ser. Dr. Bonfim morreu precocemente. Foi devastador voltar lá para uma despedida final, vê-lo em seu velório e imaginar a falta que ele faria a tantos pacientes e aos profissionais mentorados por ele.

Passar os últimos anos da minha adolescência envolvida com tanta adversidade me trouxe precocemente muita maturidade. Aprendi também a sistematizar fluxos organizacionais, respeitar rotinas rígidas, a ter limites e a entender a importância da atuação de cada profissional envolvido em prol do objetivo maior, as crianças. Acima de tudo, desenvolvi uma paixão enorme por elas. Pelo convívio por si só, bem como por todas as atividades relacionadas ao seu desenvolvimento psicomotor.

Esses pilares, com certeza, permaneceram comigo mais tarde para a criação da minha primeira empresa: o Berçarte, uma instituição de cuidados e ensino infantil.

Porém, com quase 18 anos senti a necessidade de ter um trabalho remunerado e obter independência financeira. Queria conquistar liberdade e autonomia. Afinal, esses foram dois valores importantes que recebi de meus pais.

Papai, então, me sugeriu que procurasse seu primo Armando Pinheiro, que era deputado estadual, e, por sua vez, me encaminhou ao seu cunhado Silvio Guimarães, então Secretário do Interior, que me sugeriu prestar um concurso público. Fui aprovada e comecei a trabalhar como comissionada na Assembleia Legislativa de São Paulo, sem nunca ter tido experiência prévia em trabalhar em repartição pública.

Fui "jogada" nas mãos de uma senhora de cara fechada e muito exigente, chamada Yvonne. Ela era aquele perfil de secretária perfeccionista que já estava ali há muitos anos. Hoje relembro com carinho daquele período em que eu morria de medo de suas explicações e feedbacks, dados a mim de maneira firme e muito séria, mas que me ensinaram a base de organização administrativa, foco e processos de trabalho que carrego até hoje. Era um tempo em que o bacana era saber datilografar em uma máquina de escrever IBM, elétrica, e ter uma caixa de esferas de diferentes fontes para trocar. Era como um acessório caro e delicado que permitia ao escritor trocar de letra. Mas nada que se possa comparar a facilidade do Word e suas dezenas de tipos de fontes. Com o tempo não só aprendi a conviver com as esferas, como adquiri velocidade e domínio sobre elas, mas foi tudo graças à "impaciência" da Yvonne que exigia tudo perfeito e rápido.

Os ofícios seguiam uma numeração importante e possuíam 5 folhas de carbono com diferentes destinos. Eu errava tanto que não podia deixá-la perceber o desperdício de papel. Assim, eu ia acumulando as folhas amassadas dentro de minha mochila para que ela não visse. Esse meu primeiro desafio tecnológico talvez tenha existido para me mostrar que tudo é possível, desde que você seja persistente, curioso e esteja aberto a aprender. Aprendi a me renovar e a dominar todas as ferramentas tecnológicas conforme foram surgindo, desde as voltadas para a comunicação, quando ainda usávamos um tal de BIP, que através de uma central nos localizava para um recado, até os primeiros celulares e depois smartphones, que quando foram lançados não eram facilmente navegáveis como são hoje.

Vi a chegada dos primeiros computadores no ambiente de trabalho, depois tablets e notebooks, quando ainda dispunha de um palmtop que se incumbia de sincronizar todos os dados coletados em eventos e clientes com um hotsink que transferia ao computador central as informações. Era um tempo sem "nuvens". Fui buscando soluções em programas específicos de gestão que atendessem todas as minhas áreas de atuação profissional, desde elaboração de tabelas nutricionais para rotulagens de produtos até sistemas de segurança para a logística, processos e instalações. Nunca tivemos tantos avanços em tão pouco tempo, e eu vivi todos eles ativamente.

O fato de termos no início da vida profissional alguém exigente ao nosso lado, como Yvone foi para mim, nos oferece a oportunidade de um começo baseado em padrões elevados de qualidade de trabalho e eficiência. Você se acostuma desde cedo com a régua lá no alto.

Mas chegou o momento do vestibular e fui aprovada para estudar Educação Física em Campinas. Foi uma grande mudança deixar a vida em família para viver em outra cidade, sozinha. Essa nova fase que se abriu em minha vida trouxe novas experiências, amizades e decisões importantes. Foi nessa época que empreendi pela primeira vez.

Capítulo III

Capítulo III

A universidade, meu primeiro negócio e o primeiro amor

Quando anunciei para a família minha decisão de me mudar para Campinas e cursar Educação Física na Pontifícia Universidade Católica, carinhosamente conhecida como PUCCAMP, a reação dos três foi bem diferente.

Meu pai ficou empolgado e feliz, porque era bem ligado em atividades físicas e saúde, e me deu de presente uma Brasília usada, que era um carro bem em alta na época.

Vovó ficou muito feliz também e já foi logo dizendo que eu iria adorar a cidade, que iria me visitar e ficar comigo sempre que pudesse! Mas mamãe... nossa, que desastre! Ficou inconsolável, desesperada e só chorava dia e noite me implorando para não ir. Quando, segura de mim, decidida e com todas as providências tomadas, lotei minha Brasília com a mudança rumo a Campinas, ela não me ajudou em nada e seguiu em prantos na calçada vendo o carro se distanciar.

Levei um bom tempo para entender que, na verdade, ela estava vendo a última filha se distanciar fisicamente. Na sua cabeça, influenciada pelo preconceito da sociedade na época, uma filha mulher que saísse de casa sem ser para casar era uma falha dos pais. Nesse caso, principalmente dela, que não soube me criar direito. Um paradoxo que ela vivia, mesmo sendo uma mulher tão diferenciada.

Era como se ela não sentisse ter sido uma boa mãe, já que eu desejava sair de casa solteira para viver em outra cidade, além da preocupação se eu seria capaz de sobreviver bem, longe dela.

Instalada em Campinas, logo entendi que a distância não existe para os que se amam. Minha família sempre foi esparramada entre Rio-São Paulo-Mato Grosso, já que minha avó paterna era mato-grossense. Tinha tios e primos nesse eixo, e com papai no Rio era nas férias que todos se encontravam lá.

Como já contei, o Dr. Bonfim faleceu antes de me ver formada em Educação Física. Meus planos mudaram com a sua perda e eu consegui criar novas e gostosas oportunidades pessoais e profissionais para mim.

Cursando Educação Física, descobri que eu não gostava de esportes, cujo curso era recheado de aulas práticas das modalidades básicas como Basquete, Voleibol, Natação e Handebol. As aulas teóricas dessas matérias eram bem maçantes. Na anatomia, eu passava mal e demorei para me acostumar com aqueles laboratórios cheirando a éter. Mas como desistir nunca fez parte do meu vocabulário e das minhas atitudes, descobri que gostava muito de Educação Física Infantil, despertando grande interesse nas partes de recreação, didática, História relacionada a esportes e todos os demais aspectos que envolviam a educação infantil. No ambiente universitário e na convivência estudantil encontrei alegria e felicidade.

Aprendi a gostar de atletismo e natação, atividades que levei comigo por muitos anos na manutenção da saúde.

Passei, depois de adulta, muitos anos pensando por que razão eu não busquei diretamente e não fui orientada a cursar Gastronomia, Nutrição ou mesmo Engenharia de Alimentos, que conseguiriam me envolver profissionalmente com minha grande paixão pela alimentação. Porém, aceito hoje essa trajetória e entendo que foi o meu caminho, do jeito que deveria ser, que me levou à construção da pessoa que me tornei.

Quando me mudei para Campinas, consegui uma transferência para o órgão regional, o Escritório Regional do Interior, da Secretaria do Interior. Autossustentar-me era uma premissa de vida. Jamais recorri aos meus pais pedindo auxílio financeiro. Eu achava que estava certo dessa maneira, pois, afinal de contas, mamãe não aprovou minha mudança. E a questão dela com papai sobre pensão alimentícia não era um assunto que me trazia alegria, portanto, entendi que queria ser autossuficiente o quanto antes.

Embora tivesse conhecido de imediato uma colega, a Regina de Luca, que veio a se tornar uma amiga querida para toda a vida, eu pouco gostava desse trabalho. Era um escritório político que não tinha absolutamente nada a ver comigo. Mas trabalhar meio período e a segurança do salário razoável no final do mês, nesse momento, foram fundamentais.

Carregava a certeza de que tudo seria só uma ponte, um caminho para melhores oportunidades. Penso que ser feliz depende de escolhas, de estabelecer objetivos para si. A qualidade de vida que desejamos é uma decisão que a gente toma. Decidimos e vamos perseguindo nossos objetivos.

Então, eu me envolvia em todas as atividades possíveis, fazia diferentes arbitragens nos finais de semana, aceitava convites de hotéis-fazenda para a recreação infantil e fui criando laços por onde passei. Porque, quando gostamos de pessoas, qualquer atividade que proporcione convívio nos satisfaz.

Foram anos de muita alegria na convivência em república e na vida universitária. No primeiro ano, administrar o orçamento não foi fácil. A realidade de viver com o dinheiro contadinho me trazia um desafio constante em aproveitar bem e preparar da melhor forma os ingredientes disponíveis, que eram poucos e simples, para a nossa alimentação. Isso porque eu era, é claro, a responsável pela cozinha.

Foi um tempo em que enfrentava o desafio diário de conciliar o preparo de refeições saudáveis, de uma maneira prática e econômica, com a rotina de faculdade, estágios e o trabalho que me sustentava. Embora sempre disposta, precisava ser criativa e rápida com os ingredientes de que dispúnhamos. Recordo-me de muitos "rocamboles de carne", os quais, recheados com sobras de legumes e ou verduras, são verdadeiros "coringas"; "arroz de preguiçosa" que, embora eu não fosse uma, era só misturar tudo e levar ao forno. Enquanto me preparava para o trabalho, ele já estaria saindo do forno prontinho e delicioso. Tinha também bolinhos de arroz e nutritivas sopas. Muitas! Principalmente de feijão, ervilhas e lentilhas porque já entendia que precisávamos de muita proteína.

Nosso apartamento era bem próximo ao mercado municipal. Nos domingos em que conseguíamos estar todas em casa, adorava reunir os amigos e preparar uma deliciosa moqueca de peixe na panela de barro, pois nesse mercado encontram-se deliciosos peixes frescos. Nesses momentos, nós dividíamos os custos e, assim, com pouco dinheiro saboreávamos um almoço delicioso, a moqueca que quase sempre era acompanhada de pirão e arroz de leite de coco.

Sempre que minhas amigas de república retornavam do final de semana, traziam da casa dos pais o que havia na safra, já que ambas eram filhas de fazendeiros do interior de São Paulo. A Dina, de Tambaú e a Laura, sua prima, da Casa Branca. Tínhamos nos conhecido ainda no cursinho em São Paulo e driblamos nossas diferenças, que eram muitas, para viver anos de intensas aventuras e alegrias.

Laura era extremamente comprometida com seu curso de enfermagem. Temperamental e geniosa, combinava nessa montanha russa de emoções momentos de muita doçura e companheirismo. Apesar de morarmos em cidades diferentes após a faculdade, sempre a considerei muito por ter feito parte desses anos tão especiais de minha vida.

Certa vez, já era final de mês e diante da escassez financeira, eu disse a elas: "Tragam bastante da casa de seus pais, o que conseguirem." E foi assim que chegou um saco de chuchu da fazenda da Dina.

Adorei o desafio de criar, com otimismo, diferentes possibilidades com o chuchu que era somente o que tínhamos disponível. Foi uma semana de bolo, picadinho, saladas e suflês do vegetal. Foi divertido e ficou na memória!

Nosso apartamento era um ponto de encontro. Era um prédio enorme habitado somente por universitários. O aroma de bolo quentinho saindo do forno nos finais de tarde se esparramava pelos corredores e atraía os amigos. Eram bolos simples, baratos, mas bem feitos como todo bolo deveria ser. Coco, milho, banana, chocolate, mandioca, limão, ou o que mais estivesse disponível no momento para se juntar a farinha, ovos e fermento. Esse fazer me acompanha há tanto tempo que nem tenho receita. Vai na intuição. Se só tiver dois ou três ovos, eu diminuo a farinha e tá tudo bem. Eu, particularmente, adoro bolo ainda quente. De preferência de laranja, se possível com manteiga ou geleia caseira que também adoro preparar, acompanhado de um bom café, que aprendi com papai desde cedo a conhecer frequentando as torrefações em que ele fornecia embalagens, ou mesmo degustando com ele os grãos que ele ia ganhando por onde passava. Torrefações foram seus maiores clientes.

Até hoje, chegar em casa cansada e bater um bolo me desestressa, relaxo, me acalma. Sei que para muitas pessoas isso soa estranho. Para a maioria se jogar em um sofá, um banho quente, uma taça de vinho ou cerveja e um programa na TV relaxam mais. Mas eu me desestresso liberando energia e sentindo o aroma que invade a casa. Nesses dias nem uso batedeira. Desde sempre a criatividade me era latente e prazerosa. Isso foi graças ao grande exemplo que tive em casa. Penso que minha avó trazia na sua alma heranças genéticas, se é que isso é possível, com marcas dos tempos de guerra vividos por seus antepassados. Daí sua criatividade, bom humor e desejo de fartura.

Além da culinária, sempre gostei e me identifiquei muito com crianças pequenas. Foi assim que direcionei meus estudos e vivências universitárias para me especializar em Educação Física Infantil e Psicomotricidade, assuntos totalmente novos nos anos 1980.

João do Pulo e a minha formatura

Os anos de graduação passaram voando e chegou o momento da nossa formatura. Como sempre fui muito ativa e participei do dia a dia na universidade, eu e alguns colegas formamos uma comissão para organizar os festejos.

Minha personalidade de querer sempre o melhor, o mais bonito, levou-me a organizar uma formatura repleta de momentos inesquecíveis. Com minhas influências e contatos, cheguei até a estrela do momento, o atleta João Carlos de Oliveira, conhecido como João do Pulo, tricampeão olímpico, grande orgulho dos brasileiros na época. A princípio ele negou ser nosso paraninfo, já que era uma pessoa muito simples e uma cerimônia com terno e discursos não lhe enchia os olhos. Persuadi-lo foi um grande desafio, mas consegui. Cuidei de cada detalhe de sua vinda e participação.

Foi tudo lindo! Tivemos a missa com muito violões e ensaiamos com aquelas músicas emotivas de amor, fé e saudades. A colação de grau com nossos queridos mestres e o João do Pulo na bancada chamando muita atenção era o exemplo de força que precisávamos para seguir a vida. Nosso baile foi muito animado e repleto de dança. João adorava dançar e bailou bastante com sua amiga, a jovem Conceição Geremias, atleta da época que representava tão bem Campinas.

Ao sair do baile, teimosamente ele não quis ficar na cidade. Pegou a estrada para retornar a São Paulo, quando foi atingido por um veículo que saiu de uma parada na contramão em plena Anhanguera.

Foram meses hospitalizado em Campinas, onde eu o visitei algumas vezes. Mesmo ficando longos períodos sem poder receber visitas, eu preparava quitutes e fazia com que chegassem até ele com o desejo de agradá-lo minimamente naquele período tão penoso. Até que finalmente o amputaram e eu fiquei totalmente abalada com isso. Me sentia responsável pela fatalidade.

Construindo meu próprio caminho

Ao longo do curso fiz vários estágios; o obrigatório foi em uma renomada e tradicional escola de Campinas.

Já meu primeiro emprego depois de formada foi na Prefeitura de Jaguariúna, interior de São Paulo. Fui admitida como professora de educação física na única creche que existia então na cidade. Um espaço enorme que recebia, além das crianças até 4 anos da cidade, alunos especiais, cerca de 10 portadores de diferentes necessidades físicas e mentais. Eu me sentia familiarizada com suas limitações por ter trabalhado na AACD, mas não era tão preparada com a questão mental. Eu sabia que o que havia sido feito até então estava completamente errado. Não era difícil de perceber, mas me sentia insegura em promover as mudanças necessárias sozinha.

Foi então que tive a ideia de convidar uma vizinha e amiga, Angela, que também havia se formado naquele ano em Educação Especial na PUC. Ela me acompanhou e me ajudou a não só tomar as medidas mais drásticas de mudanças iniciais como a realizar o planejamento para o ano todo. A sua intervenção foi importante para endossar o que eu já intuía desde o início, e foi assim que consegui realizar um lindo trabalho com esses alunos.

Considero importante sempre poder reconhecer nossa falta de experiência ou mesmo falta de domínio em determinada área e pedir uma ajuda especializada.

Depois de apenas dois meses, a diretora se afastou e assumi o seu lugar. E foi assim, com muita determinação e dedicação, que enfrentei tantas responsabilidades. Meu contrato era de 6 horas, mas trabalhava 12 horas por dia. Introduzir regras, métodos de avaliação, rotinas educacionais e muita atividade física cercada de folclore, brincadeiras, diversão e oportunidade de aprendizado, como acreditava que toda infância deveria ser. Eu entendia que o ambiente deveria ser muito organizado, limpo, arejado e acima de tudo alegre.

Desde o início procurei envolver as famílias para que juntos, profissionais e pais, realizássemos as mudanças necessárias.

Com a liderança certa, descobrimos pessoas incríveis e dispostas a ajudar. E foi assim, com pequenas intervenções, que conseguimos criar um ambiente onde todos se orgulhavam de estar e trabalhar.

Os festejos do aniversário da cidade começavam com um grande desfile pela cidade celebrado pelas escolas municipais. Fui reivindicar que nossa creche também participasse e, vencendo a resistência, consegui que não só todas as crianças da creche participassem, como também as da classe especial.

Resolvi transformar nossa participação em um grande projeto. Criei com as crianças a partir de 2 anos uma grande bandinha de animais. Por meio de campanhas para arrecadar os recursos necessários, comprei os instrumentos e começamos a iniciação musical. Algumas mães ajudaram a confeccionar as fantasias. Eram leões, elefantes, girafas e muitos bichinhos.

Os alunos especiais usavam roupas brancas que incluíam uma luva até os cotovelos. Eles abriram o desfile carregando as bandeiras da cidade, do estado e do país. Comparando com um tempo em que eles eram escondidos em casa ou nas salas de aula e nem levantavam as cabeças para nos olhar, e a própria família muitas vezes se envergonhava de apresentá-los, foi um avanço e tanto. A alegria e as lágrimas de felicidade estavam estampadas nos rostos de todos, e foi assim que deixei esse legado de inclusão na cidade.

Já com as demais crianças, apresentamos uma banda divertida que envolveu muitos aprendizados acerca da natureza, dos hábitos dos animais, de ritmo e movimento, e de disciplina e organização. Tudo com muita leveza e descontração como a idade pré-escolar exige.

Depois de muito trabalho e resultados incríveis, vieram as eleições de 1982 e a oposição venceu. Uma das primeiras providências do novo prefeito foi me demitir e colocar uma de suas filhas para assumir a gestão da creche.

Logo percebi que não me adaptaria a nenhuma organização educacional. Tinha minhas próprias ideias e visualizava exatamente o que eu entendia como um ambiente adequado para o desenvolvimento integral das crianças no seu primeiro "septênio". Um autor e pensador que muito me influenciou foi Rudolf Steiner. Segundo sua filosofia, a fase dos 0 aos 7 anos é o período mais importante da vida do ser humano.

Após a conclusão da graduação, continuei os estudos e me dediquei intensamente à psicologia infantil nos institutos de Educação e Psicologia na própria PUC-CAMPINAS e me pós-graduei em psicomotricidade.

Comecei a alimentar o sonho de ter minha própria escola. Era o que eu queria. Um espaço amplo e arejado, com muita área livre e verde, que acolhesse crianças desta faixa etária, onde pudessem conviver trocando aprendizados dentro de suas diferenças individuais de desenvolvimento.

Em 1983, com a formatura da Laura e sua mudança para São Paulo, e o retorno da Dina para sua cidade natal, me vi sozinha. Foi quando minha irmã se mudou para Campinas e precisava encontrar seu próprio caminho profissional. Por destino ou mesmo sorte, nesse mesmo período a Cibele, uma enfermeira formada com a Laura, nos procurou com o desejo de montar um berçário.

As duas começaram a desejar muito realizar tal projeto. Eu finalmente aceitei embarcar com elas nesse sonho, desde que eu pudesse estar à frente da coordenação psicopedagógica. Queria que fossemos reconhecidas como a melhor opção da cidade na primeira infância, hospedagem e cuidados infantis. Eu não sabia, mas já estava realizando no meu primeiro negócio o que acredito ser hoje o fundamental para qualquer negócio ser bem-sucedido: o bom "posicionamento" no mercado. Ter a clareza de seu público-alvo. Na minha concepção, tínhamos que trabalhar princípios educacionais específicos e passamos a selecionar os pais que estivessem de acordo com a filosofia que introduziríamos.

Estabelecemos ainda a premissa de que precisávamos oferecer flexibilidade de dias e horários para as crianças frequentarem. Acreditava que as mães, com essa forma flexível, poderiam retomar gradual e lentamente as suas atividades mais essenciais.

Quando contamos a ideia para o papai, ele ficou muito entusiasmado. Interessou-se demais pelo empreendimento e nos ofereceu a ajuda financeira de que precisávamos para iniciar o Berçarte. No entanto, eu e a Cibele manteríamos nossos empregos e só os deixaríamos quando o berçário estivesse com boa estrutura financeira que permitisse o nosso pleno sustento.

Combinamos que Cibele seria responsável pelas atividades relacionadas à saúde e puericultura, Wania, minha irmã, assumiria a administração geral e eu ficaria com a parte educacional e pedagógica. Elas nunca interferiram nas minhas ideias, assim como eu também não me meti nas áreas delas.

Foi assim que, em janeiro de 1984, fundamos o Berçarte, um berçário e escola infantil totalmente inovador no conceito de convivência infantil. Muito rapidamente passou a ser respeitado e indicado pelos melhores pediatras de Campinas. Tornou-se uma referência em educação infantil. Nossa proposta trazia para o mesmo convívio crianças recém-nascidas em diferentes estágios até os 7 anos. Proporcionávamos um convívio integrado.

Era como nas famílias de nossos antepassados, onde os filhos mais velhos cuidavam dos menores e conviviam com primos de diferentes idades em uma troca de aprendizado constante.

Baseada principalmente nas teorias de Rudolf Steiner, acreditava em uma educação que valoriza as características individuais da criança e seus 4 tipos de temperamentos básicos que justificam as razões de cada uma reagir de uma maneira diferente aos mesmos estímulos recebidos. Além das ideias de Steiner, reuni o que mais me agradava: considerava e reconhecia como fundamentais as pedagogias de Waldorf, de Maria Montessori e o construtivismo de Jean Piaget.

Planejei rotinas simples, mas com grandes resultados. O desenvolvimento de cada criança era avaliado individualmente, promovendo bem-estar, segurança e alegria às famílias.

Os fundamentos do nosso trabalho eram o aconchego, o acolhimento e a integração com a natureza, respeitando uma harmonia entre atividades de concentração e muitas de expansão, ou seja, esforço e descanso com atividades diárias equilibradas. Proporcionar às crianças experiências que exigem atenção alternadas com atividades lúdicas caracterizadas pela intensidade de movimentos exigidos de acordo com cada faixa de desenvolvimento.

Na rotina matinal, as crianças se dirigiam ao espaço da horta e, com a orientação de nosso jardineiro, colhiam os legumes e hortaliças que precisavam ser colhidos ou mesmo que já podiam ser consumidos. Sentados no quintal, ajudavam a lavar as cenouras livrando-as da terra, se espantavam muitas vezes com o tamanho das raízes da mandioca e colhiam delicados tomates. E levavam para a cozinha os cestos repletos de alimentos que seriam preparados naquele dia.

Em cinco mil metros quadrados, conseguimos proporcionar muito contato com a natureza e o aprendizado baseado na observação, em que os pequenos acompanhavam desde o plantio, crescimento, cuidados até a colheita. Sabiam que precisavam regar e alguns chegavam a se preocupar com quem executaria essa tarefa nos finais de semana. As refeições eram naturais e fazíamos com muito cuidado a introdução alimentar dos bebês. Eu cuidava desde a seleção e compra dos alimentos, a elaboração do cardápio, até a supervisão do preparo.

No primeiro ano, eu mesma pilotava as panelas, o que foi se tornando cada vez mais difícil com o crescimento pujante do negócio. Funcionava 24 horas, 7 dias por semana. Oferecíamos todas as refeições para quem estivesse, independentemente do horário.

Uma dica alimentar que dava sempre no Berçarte e que dou aos pais até hoje, é colocar algum vegetal para ser cozido junto com o feijão. Beterraba, batata doce, cenoura, inhame ou cará, por exemplo, ajudam a enriquecer o feijão e trazem uma praticidade incrível.

Depois de cozido, é só retirar o legume, picar em pequenos cubos e servir acompanhando os demais alimentos no prato. Assim, fica bem mais saboroso e enriquecido o feijão nosso de todos os dias.

Estimulávamos de uma maneira lúdica o consumo dos mais diversos alimentos e incentivávamos o prazer pelo saudável. Uma estratégia usada que dava muito certo era a de sempre ter uma guarnição bem desejada pelas crianças, que não eram colocadas no prato. Eram servidas apenas conforme eles iam terminando e "raspando" o prato. Eram quase sempre batatinhas fritas, pasteizinhos assados de queijo ou mesmo legumes e bolinhos.

Ficavam em uma grande travessa que enchiam os olhos de desejo. Assim, acabar logo com a primeira parte da refeição e partir para essas delícias se tornava o objetivo. Outra estratégia também muito usada para crianças sem hábito da alimentação saudável era colocar bem pouco no prato para que conseguisse logo atingir o objetivo e, enquanto ela ia se adaptando, íamos aumentando gradativamente até que passasse a ser natural comer adequadamente. O importante era ensinar a não desperdiçar. Já fazia parte da minha essência como pessoa não tolerar desperdícios.

Foi nessa época que entendi a importância de buscarmos conciliar nossa essência com as nossas escolhas. Encontrei nas atividades profissionais a possibilidade de ser e de agir da forma que acreditava e que não conflitasse com meus valores e crenças pessoais.

Talvez tenha começado a dar muito valor a isso depois que consegui me desligar totalmente do serviço público e fazer exclusivamente o que acreditava ter um propósito e que me deixasse feliz.

Lembro-me da alegria que todos sentíamos quando uma grande e antiga jabuticabeira que ficava em um dos jardins da casa carregava de flores em meados de novembro e logo podíamos nos fartar em sua sombra. Era o tempo de abastecer a despensa de geleia. Os vidros eram devidamente esterilizados e armazenados, garantindo aquela delícia até a próxima safra.

Pela forma como o Berçarte foi estruturado, atraímos famílias de classe média alta, em sua maioria profissionais liberais. Eram mães médicas, dentistas, psicólogas, empreendedoras etc.
A frequência era determinada pela carga horária que poderia ser usufruída em pequenos períodos ao longo de vários dias ou por um grande período num único dia. Nosso objetivo era ir ao encontro das necessidades dos pais da maneira mais saudável possível para o bebê ou criança. Com a relação de confiança estabelecida e o bem-estar proporcionado às crianças, que era muito apreciado pelos pais, a grande maioria deles estendia bastante esses períodos contratados, gerando um caixa extra bastante positivo para nós!

Mas como nada vem fácil, ainda no primeiro ano de fundação, quando tínhamos poucas crianças, a Cibele nos deixou para casar e seguir outros caminhos. E a minha irmã Wânia conheceu também aquele que viria a ser meu futuro cunhado, militar que a levou para o Rio de Janeiro, seguindo sua rotina repleta de transferências.

Vi-me sozinha, com a responsabilidade de todas as áreas até então divididas com elas, e o desejo de manter e realizar um projeto grandioso. Foi um desafio solitário e intenso. Pedi finalmente minha exoneração do Estado e me dediquei de corpo e alma exclusivamente ao Berçarte.

E assim aconteceu, no segundo ano, uma verdadeira explosão. Um crescimento vertiginoso. Inacreditável. Vejo hoje como é importante o empreendedor ter dedicação exclusiva ao seu negócio, principalmente em sua fase inicial, assim como escolher uma área de atuação que tenha espaço de mercado e saber criar produtos e serviços focados na solução de dores e nas necessidades dos clientes, sempre pedindo feedbacks a eles do que pode ser melhorado para que a experiência do cliente seja continuamente aperfeiçoada. Ter um correto posicionamento de mercado que esteja alinhado aos seus objetivos, crenças e valores.

Matérias nos jornais e televisões locais eram publicadas espontaneamente e saíam com frequência. E tínhamos também o boca a boca crescente das famílias que atendíamos. O protocolo era de que os interessados deveriam passar por uma entrevista inicial comigo e preencher formulários. Foi um período em que eu passava a manhã nessas entrevistas. Quase todo mês eu contratava novos colaboradores para as diferentes funções e o número de crianças seguia aumentando. E tudo era gerenciado por mim.

No final do terceiro ano de funcionamento eu me sentia assoberbada, cuidando da gestão de tantas atividades no dia a dia. Esgotada e um pouco assustada, resolvi fechar as vagas e suspender novos atendimentos para poder me estruturar melhor. Decidi repensar as necessidades de expansão e limitar o número de vagas, tendo em vista que já tínhamos cerca de 100 crianças matriculadas em um fluxo diário e constante. Era uma engrenagem e tanto, porque recebíamos bebês a partir de 15 dias de vida. Mas era uma rotina que funcionava tão bem que ninguém ficava sem saber desde quantas fraldas foram trocadas até os tempos de sono e lazer. Enfim, tudo era rigorosamente reportado por escrito aos pais, para que pudessem dar em casa a continuidade nos cuidados com facilidade e harmonia.

Um fato curioso, que revela o nível de confiança que recebia, era que passei a cuidar de uma menina que, com poucos meses, teve seu tempo aumentado gradativamente até que passou a morar comigo. Sua mãe era dama de companhia, viajava muito ao exterior e entendia que precisava garantir o futuro da filha enquanto ainda era jovem e muito requisitada. Eu tinha autorização feita através de advogados para que pudesse tomar todas as decisões que fossem necessárias na sua ausência. Quando chegava no Brasil, costumava passar de dois a três dias com a filha para matar as saudades e já partia em viagem com um novo cliente. Assim, junto com uma outra menina da mesma idade, que ficava 12 horas por dia, de terça a sábado, por ser sua mãe cabeleireira, nós passamos a ser uma pequena grande família, pois eu as levava nas festinhas dos colegas aos sábados, teatrinhos e parquinhos, para que pudessem mudar de ares também e ter uma educação completa.

Minha amiga/irmã Mara, cuja amizade nasceu nessa época – e lá se vão 40 anos –, sempre brincava comigo pelo meu jeitão disciplinador. Eu era firme, convicta, exigente e mantinha aqueles pais todos confiantes no meu trabalho. Para Mara era algo muito admirável, tendo em vista ela ser daquelas pessoas únicas e carismáticas, mas sem nenhuma autoridade... Sempre sorrindo, cativa a todos que a rodeiam. É daquelas que se derretem por muito pouco quando está perto de uma criança. Doce e generosa, jamais soube falar um não para ninguém... que dirá uma criança! E foi nessas diferenças que construímos uma amizade tão linda e que eu preservo com tanto carinho.

Meu encontro com o amor

Na época em que não estávamos mais recebendo novas crianças, recebi uma solicitação especial para que atendesse a um pai. Ele queria que abríssemos uma exceção. E eu que era tão rígida cedi e agendei a primeira entrevista.

Cleiton chegou e me encantou com sua história de superação. Tinha ficado viúvo com uma filha ainda bebê. Mudou-se para a casa dos sogros, pois precisava da ajuda deles nos cuidados de Mariana e não podia parar de trabalhar. Os avós não conseguiam superar a perda da única filha e choravam e se lastimavam diante da menina diariamente, que assim cresceu birrenta e mimada. Esse comportamento da filha o incomodava bastante e estar com os sogros o impedia de seguir adiante, já que era jovem ainda e cheio de sonhos. Com a ajuda de seu chefe e amigo, foi promovido e transferido para Paulínia, já tendo em mente a mudança da casa dos sogros. Foi praticamente uma fuga com a menina para Campinas, pois não passava pela cabeça dos sogros a possibilidade de ele e Mariana deixarem a casa. É claro que ele precisava de um local como o nosso, que lhe oferecesse a segurança de horários estendidos para quando se atrasasse das infindáveis reuniões e viagens de trabalho na região. Sim, claro que admiti a Mariana, aos 3 anos de idade, com a carga horária diária de 12 horas.

Cleiton era um pai amoroso e dedicado, digno e com fortes princípios. Mariana levou um mês para se adaptar. Não falava nem se alimentava. Tivemos toda a paciência nessa espera, demos o tempo que ela precisava para digerir a mudança. Até que num belo dia ela já chegou diferente! Se integrou, começou a se comunicar e a participar das atividades. Nunca foi forçada a isso. Aconteceu quando ela decidiu.

Nós tivemos momentos muito especiais juntas, porque minha vida era toda dedicada às crianças e à gestão da escola. Para cuidar bem do Berçarte e fazê-lo ser cada dia melhor, eu me distanciei dos amigos e dos eventos sociais.

Era absurdamente focada, porque tinha o sonho de fazer o Berçarte crescer ainda mais por meio da abertura de novas unidades e ampliação das idades de atendimento. Eu não havia planejado o quanto de dinheiro ganharia, mas confesso que me surpreendia a cada mês. Mesmo reinvestindo 20% do lucro real em melhorias da nossa estrutura e equipe, e aplicando mais 20% como reserva, meu padrão de vida e patrimônio aumentavam mensalmente. Mudei-me para um apartamento próximo para que pudesse ser a primeira a chegar pela manhã e a última a sair. Tínhamos um segurança fixo que acompanhava as entradas e saídas das crianças e um jardineiro que residia como um caseiro e morava na edícula da casa, nos dando a segurança da presença masculina à noite.

Cleiton estava radiante com as novas experiências profissionais advindas da promoção e o desenvolvimento rápido que Mariana começou a apresentar.

Meu convívio com ele e sua filha foi se tornando tão próximo que não muito tempo depois nos apaixonamos. Eu fiquei absolutamente encantada com sua maturidade diante da adversidade vivida. Acho que me encantei também pela qualidade de seu relacionamento com a filha nos períodos em que estavam juntos. Era carinhoso e amoroso com muita cumplicidade, sem nenhum tipo de culpa por deixá-la conosco no Berçarte. Ele realmente confiava e acreditava estar no caminho certo. Era impressionante como se equilibrava nos papéis de pai/ mãe e profissional, companheiro, bem como um filho mais que especial para seus pais.

Todos ficaram muito felizes, porque éramos jovens, dedicados e sem tempo para aventuras. Nossos funcionários, que já somavam 25 na época, e nossas famílias ficaram aliviados, pois temiam por eu estar "perdendo" anos preciosos de juventude longe do amor, de tão dedicada que era ao Berçarte.

Mariana adorou a ideia do nosso namoro e gostava muito de fechar a escola e ir para minha casa à noite. Esperávamos o pai dela juntas para as historinhas, cantigas finais e mimos antes de dormir.

À noite ele fazia questão de preparar o jantar para nós, e do qual Mariana participava mesmo já tendo jantado na escola e dizia: "Ah!, mas eu não posso perder a comidinha feita pelo papai". E assim jantava novamente, às vezes já dormindo em cima do próprio prato.

Foram meses intensos divididos entre nossas casas porque não conseguíamos mais fazer diferente. Não conseguíamos estar separados.

Nosso começo de namoro ficou marcado pela grande festa junina que realizei, onde nos declaramos um ao outro no final.

Quando chegou outubro, tivemos o nosso primeiro feriado prolongado juntos, quando fomos visitar a família de Cleiton. A princípio, eu não cogitei a ideia de ir com eles, pois achava que eles deveriam ir sozinhos para ficarem mais à vontade. Sentia-me tímida para já conhecer sua família. Mas a insistência foi enorme. Principalmente da parte da Mariana que, no dia da viagem, me chamou de mãe pela primeira vez. Foi uma emoção tão grande que não tive dúvidas de que deveria mesmo ir. Igarapava era a cidade. Fui recebida com todo carinho e gentilezas possíveis. Mariana estava muito feliz em me ver no meio dos avós e tios de quem ela tanto gostava.

Sonhos desfeitos

Na noite do segundo dia em que já estávamos na cidade, fomos insistentemente convidados a irmos ao clube da cidade localizado na rodovia. Na saída do baile, já de madrugada, um veículo no sentido contrário na estrada mudou de pista, veio em nossa direção e colidiu de frente com o nosso carro.

Morreram 5 pessoas, inclusive o Cleiton. Relembrar esse momento é uma dor inexplicável. Foram tantas perdas simultâneas!

Perdi um amor, uma possível filha, uma possível família, a minha saúde e totalmente a minha independência naquele momento.

Só soube da morte de Cleiton 12 dias depois, já em São Paulo, com a autorização dos médicos, quando não corria mais nenhum risco. Os pais do Cleiton ganharam a guarda da neta que passou a morar definitivamente com eles.

Eu fraturei o maior osso que temos, o fêmur, das duas pernas, no que a ortopedia chama de "fratura cominutiva". Traduzindo: os ossos se transformaram em diminutos pedacinhos. Foram as duas pernas e quatro fraturas na bacia também. Depois de uma semana na cidade de Igarapava aguardando autorização dos médicos para remoção, fiquei uns 30 dias no hospital em São Paulo e vieram mais 10 meses de gesso com imobilização total em uma cama hospitalar na casa da minha mãe e avó.

As previsões foram essas. Mínimo de 1 ano para retomar as atividades do dia a dia. Eu não havia ainda chegado ao estágio de delegar, de ter pessoas em condições de se responsabilizar e tomar decisões importantes para as coisas fluírem no Berçarte. Eu era extremamente centralizadora na administração. Não tinha sequer quem abrisse o berçário na segunda-feira. Minha irmã e suas filhas pequenas voaram para Campinas e, em vez de irem ao meu encontro como eu desejava, elas foram para a escola me substituir na rotina. Longe de sua casa, não era uma situação confortável, e poderia se prolongar por um ano segundo meu médico. Minha irmã e meus pais decidiram que deveríamos vender o negócio e eu não tive condições de emitir nenhuma opinião a respeito. Estava totalmente debilitada. Assinei a venda ainda no hospital.

Essa experiência me ensinou que não temos na vida tudo sob controle. Os imprevistos podem e vão acontecer. Assim, se você é dono de seu negócio, preocupe-se em ter pessoas que possam tocá-lo sem a sua presença. Não descuide da sucessão e não queira centralizar tudo. Não coloque a empresa em sua completa dependência mesmo sendo jovem como eu era.

Os meses acamada não me criaram revolta. Era como se eu estivesse emocionalmente anestesiada. Eu refletia muito e pude entender o que Cleiton havia passado na ocasião do acidente da esposa. Não me permitia causar mais dor à minha família do que o susto que já os havia dado e todo trabalho e preocupação que se sucedeu. Voltar para a casa de minha mãe e passar quase um ano novamente, só que totalmente dependente, me trouxe novos aprendizados importantes. Foi um tempo de resignação e de redescobertas. Pude sentir o quanto era amada por mamãe e vovó, que não mediram esforços para me agradar e ajudar no enfrentamento de tanta limitação física. Não me faltou nada. Tive os melhores médicos e fisioterapeutas, os melhores livros, a companhia de todos que vinham me visitar e eram super bem recebidos por elas; senti que cada uma, a seu modo, se desdobrava com meus cuidados. Vovó cozinhando suas delícias como sempre e recepcionando as pessoas com elas, pois muitos vinham de Campinas para me visitar e acabavam passando muitas horas diante de tanta hospitalidade! Já mamãe providenciava e administrava medicamentos, médicos e fisioterapeutas, e absorveu com todo amor possível toda essa grande mudança que se deu em sua casa por aquele ano todinho.

Com relação a Mariana, concluí que a minha dor nunca seria maior do que a dela, que perdeu a mãe e o pai, além da possibilidade de ter uma mãe como eu, ainda nos primeiros anos de vida. Não havia espaço para a minha dor. Eu não podia dar mais trabalho. Foi assim que passei a transformar meus dias em rotinas produtivas. Estabeleci horários rígidos para tudo. Refeições, sono, fisioterapia respiratória, visitas, artesanato que tentava realizar e leitura... muita leitura! Foi uma fase de ler biografias. Li sobre tantas vidas inspiradoras, com exemplos de superação que me fizeram acreditar que, sim, podemos inspirar pessoas que vivem situações similares.

Foi nesse período que preenchi minha mente com o seguinte mantra que me acompanha até hoje: "Nada é para sempre... nem a dor, nem a alegria, nem a tristeza, nem a felicidade." Dessa forma, entendemos que nenhum sucesso justifica a soberba e a vaidade, tampouco a tristeza, que muitas vezes nos leva a crer que nada mais faz sentido. Tudo vai passar e vai recomeçar e o ciclo da vida agirá sempre a nosso favor se assim o respeitarmos. Entendi na pele aquela expressão que diz que não há mal que sempre dure nem bem que nunca acabe!

O Berçarte esteve sob minha direção de 1984 a 1987. Perdi um grande amor. Vi também meu sonho empreendedor na educação morrer nesse acidente.

Eu o vi funcionando em outros moldes por mais alguns anos sob nova direção e foi bem difícil para mim. Mas, posteriormente, a linda casa da tradicional família Coluccini foi demolida e no local hoje Campinas ostenta o prestigiado Hotel Vitória.

Graças aos cuidados e amor de toda a minha família, a generosidade dos amigos que incansavelmente se revezavam ao meu lado e a grande competência do Dr. Valter Albertoni, fiquei praticamente perfeita. Ele pacientemente fez o impossível para não me deixar sequelas. Ficamos todos tão apaixonados pelo Dr. Valter que passamos a considerá-lo um grande amigo que esteve presente em alguns momentos importantes depois de minha recuperação.

Levei mais alguns meses para reaprender a andar e recuperar a musculatura perdida. Foram exaustivas sessões de fisioterapia que começaram no leito, depois em clínicas, na piscina, enfim, até que me vi minimamente em condições de voltar para Campinas, onde tinha meu apartamento fechado me aguardando.

Estar em Campinas significava relembrar meus últimos meses de felicidade que antecederam o acidente. Relembrar da grande estrutura de negócio que havia conseguido construir e constatar tudo que perdi. Reencontrar as famílias do Berçarte em todas as partes em que ia e ver a expressão de piedade em seus olhos me fizeram concluir que precisava transformar o momento. Mas como? Eu não tinha mais nada material. A venda da escola feita às pressas serviu para arcar com parte dos grandes gastos que meu pai teve comigo.

Limitações físicas me impediam de exercer a profissão de educadora física, bem como o luto que ainda vivia e que carregava no olhar não combinavam com um ambiente infantil que precisa de muita alegria e entusiasmo.

Eu tinha apenas 28 anos e vi meus sonhos serem destruídos naquele momento.

Decidi, literalmente, voar

Contudo, dentro de mim soprava uma pequena chama que desejava muito superar aquela fase. Queria muito redescobrir a alegria de viver e voltar a empreender, recomeçar. Permanecer em Campinas naquele momento era difícil, pois os reencontros com as famílias não me ajudariam a esquecer e avançar.

Foi quando decidi que precisava de algo bem maior para me ajudar a superar essa etapa de dor e tristeza. Entendi que teria que ser longe, onde ninguém soubesse de nada e eu tivesse espaço para recomeçar sem julgamentos.

A única coisa material que me havia restado foi meu carro. Um Gol com alguns anos de uso. Meu pai acreditava que vendê-lo poderia sinalizar que eu não poderia mais dirigir, então optou por mantê-lo guardado na garagem em Campinas.

Sem contar para ninguém, vendi meu carro, subloquei meu apto a uma amiga que precisava de um local para morar, passei um período hospedada na casa de Roselia, minha querida amiga e cúmplice desse plano, enquanto corria com os preparativos da minha viagem. Com o dinheiro da venda do veículo, consegui comprar uma passagem para Londres e um curso de 30 dias de inglês com hospedagem incluída. Sobraria muito pouco para eu me virar nesse início, mas nada poderia ser mais difícil do que eu já havia passado.

Quando meus pais e toda a família souberam, acharam uma verdadeira loucura, porém nada poderiam fazer para me impedir, tendo em vista que a decisão já havia sido tomada.

Foi assim que, sem falar uma palavra de inglês e com muito pouco dinheiro, voei para uma grande aventura na Europa.

BOLINHO DE ARROZ

Ingredientes

1 xícara de arroz branco cozido;
100ml de leite integral;
1 ovo;
farinha de trigo (o quanto baste);
1 colher de café de fermento em pó;
50g de queijo parmesão ralado;
sal e pimenta do reino a gosto.

Modo de fazer

Use sobras de arroz!
Cobrir o arroz frio com o leite. Levar ao fogo ou microondas para ferver por cerca de 3 minutos. Espere esfriar um pouco.
Misturar 1 ovo inteiro, sal e pimenta do reino a gosto, salsinha picada,
1 colher de café de fermento em pó e queijo ralado.
Ir acrescentando farinha de trigo aos poucos até que fique no ponto de enrolar. Se desejar, recheie com um pedacinho de queijo.
Frite em óleo quente, na air fryer se preferir, ou mesmo coloque em um pirex raso para assar em forno se não puder consumir frituras.
Depois corte em quadradinhos antes de servir.

Capítulo IV

Capítulo IV

As dores e delícias de viver fora. Na volta, voltar a amar

Desembarquei em Londres para um curso inicial de inglês de 30 dias que incluía hospedagem na casa de uma senhora. Ela alugava os dois quartos disponíveis no andar de baixo para estudantes como eu. Mrs. Flowers era formal e me recebeu atenciosamente no dia em que cheguei, mas nunca mais a vi. Ela nunca estava próxima nem de manhã nem à noite quando eu retornava para casa.

Entendi isso como um descaso, desinteresse. Na verdade, era respeito à minha individualidade e ao meu espaço, ou seja, uma demonstração de educação típica dos ingleses.

Não que ela precisasse de dinheiro, mas para a cultura deles é inadmissível espaço vazio em uma casa sem aproveitá-lo para hospedar pessoas. As casas de arquitetura vitoriana normalmente têm 3 ou 4 andares e sempre há espaço livre no sótão ou no porão. Eu tinha um certo fascínio pela Inglaterra, porém nenhuma experiência com ingleses. Eu desconhecia completamente o jeito de ser deles.

Um pouco antes de embarcar, uma grande amiga, a Cristina Penteado, providenciou o telefone de uma colega nossa de faculdade que estava morando em Londres. Cristina não se conformava e preocupava-se de eu ir sem conhecer ninguém por lá. Queria me ajudar de alguma forma. Extrovertida e alegre, a Cris também está sempre por perto desde aqueles anos de PUCCAMP onde nos conhecemos.

No primeiro domingo após minha chegada, sem aula e sozinha, resolvi telefonar logo cedo para o tal número. Uma voz falando português me atendeu. Ao fundo música brasileira alta tocando e muitas risadas. A dona da casa que eu procurava, nossa amiga de faculdade, não estava. Tinha viajado, mas era uma moradia de muitos brasileiros que iam e vinham. Fui convidada para a tal feijoada que estava sendo preparada. Anotei o endereço. Ao desligar o telefone, comecei a refletir, e racionalmente, decidi não ir. Nunca mais liguei para aquele número.

Foi uma tomada de decisão difícil não me relacionar com brasileiros. Afinal, não precisaria cruzar o oceano se fosse para seguir falando português.

E não era só uma questão de idioma. Eu queria conhecer de verdade o que existia por trás dos cartões postais turísticos do Big Ben e dos palácios de Windsor e Westminster. Meu desejo era mergulhar de cabeça numa nova cultura e viver experiências diferentes daquelas que até então havia experimentado. Chamo isso de determinação para sair da zona de conforto e perseguir novos objetivos.

Seria muito gostoso e facilitaria minha adaptação estar com os brasileiros, mas eu não construiria bem o novo momento que queria para mim. Não me deixo abalar por dificuldades, desafios e dores, sejam elas psicológicas ou mesmo físicas, desde que esteja mirando algo que me levará mais longe, que me fará evoluir.

Acreditava que, após 5 horas de estudos por dia, 5 dias por semana, em uma escola especializada, depois de 4 semanas, eu teria dominado a língua e estaria apta a conseguir um emprego, já que minhas reservas terminariam junto com o curso... quanta ingenuidade! O curso era modulado semanalmente e toda sexta-feira acontecia uma avaliação. Em vez de melhorar e avançar de nível, eu era rebaixada.

Medo de precisar lavar pratos

Foi um mês de tortura. Sem conhecer ninguém, eu ficava tão exausta com tantas horas de aula que caía na cama cedo, sem me alimentar direito, ansiosa, triste, sem sentir que estava evoluindo. Como qualquer aprendizado exige um mínimo de calma e mente tranquila, a minha estava em ebulição sem saber o que seria de mim depois que acabasse o curso, pois eu achava que ninguém me daria emprego sem eu falar minimamente bem o inglês. E nesse caso só me restariam duas opções: voltar para o Brasil, o que eu não queria naquele momento, ou então trabalhar lavando louças em restaurante e pubs londrinos, o que seria muito difícil. Não pela condição do trabalho em si, mas por saber que lavar louças é a opção que resta para quem não se comunica bem no idioma inglês. Dessa forma, o aprendizado seria ainda mais difícil para mim. A simples ideia me desesperava, e no meio de tanta angústia e ansiedade é que eu não ia mesmo aprender nada.

Nessa época a comunicação era difícil. Cartas para o Brasil levavam cerca de 15 dias para chegar. Os telefonemas eram caros e eu não podia usar o da casa. Os telefones públicos engoliam nossas moedas com uma velocidade desanimadora, então amigos e parentes ficavam sem notícias minhas e eu deles. Até que um dia, a Regina, aquela amiga do escritório em que trabalhei, teve uma ideia. De tão preocupada em não ter notícias minhas, ela pediu ao marido que me ligasse pela sua empresa, que mantinha fortes relações comerciais com uma companhia inglesa. E assim aconteceu. As pessoas nem ousavam fazer ligações internacionais de tão caras que eram. Quando atendi a ligação de Silvio, o seu marido, fiquei tão feliz com a surpresa que me pus a chorar por toda a ligação sem conseguir explicar para ele exatamente por que chorava. Ao desligar o telefone, imediatamente ele ligou para a tal empresa e convocou uma pessoa para me dar atenção, já que se tratava de uma grande amiga sozinha em Londres.

Foi assim que Phillip me ligou. Outro mistério difícil de explicar hoje foi o de "como" conseguimos iniciar um relacionamento via telefonemas diários e cartas que, dentro do país, chegavam rapidamente de um dia para outro. O fato era que Phil morava e trabalhava em Birmingham, bem afastado, e pouco conseguia me ajudar naquele exato momento.

Quando acabou a quarta e última semana na escola, eu estava completamente atordoada e sem destino. Não queria voltar para o Brasil fracassada. Quando retornava no final da tarde do último dia de aulas, com muito movimento em uma estação do metrô londrina, tamanha era a tensão, a ansiedade e o medo que sentia, que caí em uma escada rolante enorme daquelas ainda de madeira. Ao cair, me vi quase pisoteada, sem ninguém parar ao menos para me ajudar. Foi horrível. Sentia muita dor e temia pelo que pudesse ter acontecido, tendo em vista que meus joelhos incharam demais logo após a queda.

Chegando em casa, me tranquei no quarto e comecei a chorar copiosamente. Estava em pânico. Depois de um tempo, acho que Mrs. Flowers não aguentou e veio bater no meu quarto perguntando se eu gostaria de tomar um chá com ela na sala. Aceitei o convite e não me pergunte de novo "como" consegui contar tudo que havia acontecido antes da viagem, bem como nas últimas 4 semanas e do quanto estava desesperada com a queda e com os próximos dias, já que não teria nenhuma perspectiva além de uma passagem de volta para o Brasil.

Surpreendentemente, Mrs. Flowers me ouviu afetuosamente e pediu licença para dar um telefonema. Ao voltar, disse que tinha um convite para passar o domingo na casa de uns amigos que moravam no campo. Eles moravam a cerca de 40 minutos de Londres e ela me disse que os havia consultado e eles não só me convidaram para ir junto com ela, mas também disseram que eu seria bem-vinda no tal almoço.

Na verdade, ela sabia que eles estavam com dificuldades em casa, pois precisavam de uma pessoa para ajudá-los a cuidar dos filhos e sua esperança era de que, ao me conhecerem, decidissem por me contratar a partir de sua indicação. Rezei muito para que isso acontecesse.

Fomos de carro. Na estrada já fui me encantando com o trajeto da região de Hampshire, que é bem diferente da realidade da capital cosmopolita. Eram campos, casas e castelos lindos, em estilo medieval. Uma região muito bonita. A cidade chamava-se Fleet. Era bem pequena e parecia uma vila de filmes. Era cortada por um rio ladeado por pequenos bosques charmosos e aconchegantes.

A família de Jean Peeter e o resgate da minha paz

A família era composta por um pai holandês e uma mãe inglesa. Jean Peeter era um homem educadíssimo e as duas crianças, lindas. Louras, expressivas e com grandes olhos azuis. Isabel, a mãe, era naturalizada inglesa desde criança, mas havia nascido em Portugal, onde eles inclusive mantinham um refúgio na Ilha da Madeira. Embora ainda conseguisse conversar em português, o que facilitou nossa entrevista, percebi que não gostava de ser reconhecida dessa forma. Considerava-se inglesa.

Algum preconceito talvez? Seus filhos tinham 6 meses e 3 anos. Alessander, o bebê, grudou em mim logo de cara e Willen, o mais velho, ficou mais receoso no início, mas depois se rendeu também às minhas brincadeiras. Não interagi tanto com o casal, preferindo deixá-los à vontade com os demais convidados. Aproveitei para relaxar naquele lindo gramado com as crianças e o seu imenso cão, um bernese mountain dog. Por algumas horas, depois de 1 mês, me vi novamente em um ambiente familiar e acolhedor, o que me proporcionou finalmente alguns momentos de paz. No final do dia fui chamada pelo casal, que me ofereceu um emprego para cuidar das crianças. Minha função seria passear e cuidar delas, enquanto a mãe, uma executiva do Citibank, trabalhava em Londres e o pai, que era escritor, trabalhava em casa. Na verdade, vi pouquíssimas vezes Isabel depois que assumi minhas funções, pois ela passava a semana em Londres e vinha aos finais de semana quando eu estava, então, de folga.

Jean Peeter, o pai, além de escritor, fazia trabalhos de tradução do holandês para o inglês e vice-versa e era pintor. Um artista. Já não era tão jovem quando teve os filhos e optaram por ele ficar responsável pela rotina da casa e dos filhos. Porém, Alessander demandava uma atenção que ele não imaginava ser tão difícil conciliar com o mais velho de 3 anos e as responsabilidades de seu trabalho. Estava atrasado com seus prazos junto a uma editora. Então a minha chegada foi um encontro perfeito. Um alívio para mim, que não teria outra opção naquele momento e adorei deixar a turbulência de Londres para trás, e para ele, que me confiou de imediato os cuidados de seus filhos.

Voltei para buscar minha "mudança" em Londres e quando cheguei em Fleet a família tinha se preparado para me receber. Foram extremamente gentis e acolhedores. Acredito que se sensibilizaram pela minha história que certamente Mrs. Flowers lhes havia revelado.

No meu quarto foram colocados muitos livros infantis na cabeceira, porque Jean Peeter chamou para si a missão de me ensinar inglês e, segundo ele, nada melhor do que crianças e seus livros. Era muito mais do que eu poderia imaginar que teria.

No delicioso quarto aquecido, havia uma cama com um duvet novinho, uma mesa de estudos e, em cima de uma cômoda, uma pequena cestinha de prata com algumas frutas, uma jarra de água e um copo.

Logo cedo, após preparar o café da manhã, eu já arrumava os meninos, ajeitava um grande cesto com sucos e frutas, pães para os patos e tudo de que precisaríamos para passar a manhã fora. Essa era a principal orientação. Deixar a casa, sair com as crianças para elas poderem aproveitar as manhãs, assim como para que Jean Peeter pudesse trabalhar.

Eles tinham um carrinho duplo, como de gêmeos, embora não fossem. Dessa forma, eu poderia andar bastante com eles e explorar a região o quanto desejasse. Sempre gostei de caminhar e, por uma graça divina, embora tenha ficado limitada para praticar vários esportes, caminhar era uma das poucas atividades que podia fazer sem preocupação.

Na Inglaterra existe uma estrutura completa de esportes e recreação em cada bairro, sendo assim eu podia nadar à noite em água aquecida e manter o exercício necessário que minhas pernas precisavam. Eu passeava com os dois pelos bosques e parques. Brincávamos muito, líamos embaixo de árvores, fazíamos piqueniques, alimentávamos as aves e cantávamos. Willen me ensinava as palavras e me ajudava a cuidar do pequeno Alessander.

Quando voltávamos para casa, Jean Peeter fazia questão de preparar nosso almoço que, na maioria das vezes, era servido no jardim, já que a primavera nos proporcionava dias com um clima bem agradável.

Apesar de acostumada a uma alimentação farta e bem elaborada em casa, me adaptei muito ao estilo inglês, no qual as refeições são práticas e rápidas de serem preparadas. Passei os meses de uma forma muito saudável. Impressionava-me como não precisávamos de muito para nos alimentarmos bem. Não tínhamos até então no Brasil legumes congelados à venda nos mercados. Lá já existiam inúmeros supermercados que ofereciam os mais diversos legumes congelados. Então, para preparar uma refeição, era só escolher no freezer os acompanhamentos, que normalmente eram umas 3 batatas pequenas e mais um legume como vagem, couve de Bruxelas, cogumelos, alcachofras, cenouras baby ou mesmo brócolis. E selecionar uma proteína que normalmente era uma bisteca de cordeiro. Isso não levava mais de 15 minutos entre colocar uma linda mesa com flores no centro e servir a refeição.

Minha experiência na cozinha era a de vovó e o barulho das panelas que se iniciava às 8 da manhã com o feijão na panela de pressão. Por isso me encantava essa possibilidade de praticidade e rapidez.

Percebi que gostava da praticidade deles, embora saiba da fama de não terem um repertório gastronômico variado e elaborado. Até cheguei a me interessar em aprender a preparar algumas tortas famosas, como as servidas nos pubs, mas confesso que só trouxe mesmo na mala, ao retornar ao Brasil, a receitinha fácil, mas incrivelmente deliciosa, de maçã verde recheada de nozes e passas e assada com mel.

A quantidade de macieiras carregadas pelas ruas era enorme! Seus frutos nascem disformes e crescem bastante o suficiente para que se retire o miolo, recheie e elas sejam assadas e servidas ainda quentes com sorvete.

É muito fácil, pois requer apenas a habilidade de se retirar o miolo com um acessório próprio facilmente encontrado em lojas de artigos para cozinha, rechear com nozes ou qualquer outra castanha disponível, um pedacinho de manteiga e umas passas, preenchendo bem o buraco formado na fruta. Depois é só regar com um suco de laranja misturado com mel e levar ao forno pré-aquecido a 200 graus por cerca de 30 minutos. Se gostar pode polvilhar canela em pó nas nozes antes de rechear. Ainda bem quente servida com sorvete de creme fica uma delícia, principalmente se você tiver colhido as maçãs pela rua ao retornar para casa, como era meu caso!

Durante os almoços diários com Jean Peeter, com muita paciência, ele me pedia que descrevesse a manhã tida e relatasse os fatos. Fazia isso para que meu inglês começasse a fluir. E ia me ajudando a encontrar as palavras e a formar as frases. Sem pressão nem cobranças.

Depois de alguns dias de minha chegada, saiu à tarde e voltou me sugerindo frequentar duas vezes por semana, à noite, um encontro de jovens. Na verdade, ele saiu para pesquisar e já havia me matriculado!

Acreditava que seria importante conhecer outras pessoas e me relacionar com a comunidade. Esses encontros aconteciam em um salão anexo à igreja, com voluntários que monitoram as apresentações e relacionamentos de jovens de diferentes nacionalidades que também trabalhavam para as famílias do bairro.

Eram cerca de 15 a 20 pessoas. Eles nos ofereciam chá, é claro, e biscoitos. Para a minha inexperiência, foram encontros preciosos, pois nunca havia imaginado fazer amizades, conversar e estar com pessoas de tantas nacionalidades diferentes: Paquistão, Indonésia, China, Vietnã a Nova Zelândia e Austrália!

Foi uma experiência riquíssima. Ao aprender inglês com um tradutor de Shakespeare e conversar com pessoas que tinham as mesmas dificuldades, senti maior tranquilidade para errar e ser corrigida. Logo o meu encantamento pelas oportunidades ressurgiu. Fleet era repleta das lindas macieiras e a casa tinha seu próprio bosque de framboesas no fundo.

Nem preciso dizer que em poucos dias já estava totalmente integrada à família, bem como à comunidade local.

Pelo meu temperamento de não gostar de ver alimentos se perderem inutilmente, somado ao prazer e facilidade em realizar preparos, comecei a encontrar opções de receitas para utilizar aquela quantidade de frutas que habitualmente eram desperdiçadas nos meses de safra.

Foram muitas tortas, compotas, caldas, chutneys e geleias saboreadas por todos. Além das maçãs e framboesas, havia as cerejas e amoras também. Logo meu patrão tornou-se um grande amigo que reconheceu minha dedicação e me incentivou diariamente no aprendizado da língua e na recuperação da alegria e do prazer em viver. Ele me dava muita liberdade na educação e rotina das crianças.

Tudo que eu precisava fazer era proporcionar a ele momentos de paz para que pudesse cumprir seus prazos editoriais.

Ele havia trabalhado por toda a vida na diretoria de grandes bancos ingleses que o transferiram para muitos países ao redor do mundo. Nessas passagens fez grandes amigos, os quais, sempre que iam à Europa, faziam questão de visitá-lo.

Eles gostavam muito de receber convidados e frequentemente tinham hóspedes na casa. Logo percebeu que eu tinha muito prazer em ajudá-lo a preparar uma mesa bem-posta e bonita, usar talheres e porcelanas adequadamente. Eram momentos em que ele fazia questão da minha presença, que eu desse sugestões de cardápios e participasse como convidada. Eram sempre encontros multiculturais. Conhecer novos costumes e estar entre adultos estrangeiros, bem-sucedidos e inteligentes, para uma pessoa interessada e curiosa como eu era o máximo!

Periodicamente ele viajava para a Holanda a trabalho e me confiava a casa e as crianças por alguns dias. Adorava a liberdade e a confiança que a mim eram dedicadas. Na bagagem sempre levava orgulhoso parte da produção de geleias de seu próprio jardim feitas por mim.

Amoroso sem exigir amor como contrapartida

Nos finais de semana de folgas, comecei a pegar o trem para Londres e a me encontrar com o Phil, que pacientemente me apresentava um roteiro especial a cada encontro. Eram passeios por pontos turísticos e outros nem tanto. Com ele, conheci a Inglaterra dos ingleses. Visitava com frequência seus familiares e amigos em diferentes cidades e regiões. Phil era o que costumamos chamar de "solteirão", extremamente interessado por outras culturas, de um coração enorme, que me fez entender profundamente sua cultura, sua educação e princípios. Adorava fotografar e era um cavalheiro que nunca ousou ultrapassar a barreira da amizade, embora sua família acreditasse que fossemos um casal.

Creio que ele alimentava esse desejo, mas, por saber dos fatos ainda recentes vividos por mim no Brasil, esperava que, com o tempo, talvez esse momento chegasse. Jeito inglês paciente e cordato de ser.

No primeiro final de semana em que fui a sua casa em Birmingham, tomei um susto quando vi a surpresa preparada por ele: mandou ampliar fotos minhas tiradas em nossos passeios e as pendurou nas paredes da sala. O que dizer? Já na casa da mãe, um porta-retrato na lareira, ao lado das flores que ele colheu e me ofereceu na estação como recepção quando nos conhecemos. Com Phil, eu descobri o que é ser amoroso sem exigir o amor como contrapartida. Acho que foi a única vez em toda a minha vida em que recebi tanto sem dar quase nada em troca. Um privilégio não ser cobrada nem exigida por nada. Um presente que levei muito tempo para entender e ser grata.

Com a minha nova rotina em Fleet, Jean Pieeter Vieerman, o holandês, sem saber, me deu tudo de que eu precisava naquele momento: moradia e alimentação, paz e segurança, tranquilidade e acolhimento. Muita cultura e informação e todo o suporte necessário para que eu me fortalecesse interiormente e pudesse seguir em frente novamente.

Depois de alguns meses em Fleet, em uma tarde qualquer, me peguei pensando em inglês. Já tinha ouvido falar desse estágio, mas não tinha imaginado que seria tão importante constatar a própria evolução no aprendizado!

Apesar das boas condições de vida que tinha com a família, jamais conseguiria poupar com o salário que recebia. Era muito pouco. Não me faltava nada, mas ele me permitia apenas pagar pequenas despesas do final de semana. Nesse quesito, acho que Jean Pieeter seguia um costume mais holandês com essa remuneração menor. Após pesquisar um pouco, constatei que as famílias inglesas pagavam melhor, mas eu entendia que estava tudo certo diante das possibilidades.

Novo momento com Mylles e a família Woods

Porém, depois de 4 meses, senti que era hora de alçar voos mais altos, já que eu me comunicava com certa fluência e precisava melhorar minha remuneração.

Resolvi me arriscar e recorri ao "*Boots*", um tradicional jornalzinho de empregos. Candidatei-me a uma vaga muito bem remunerada: maternity nurse (cuidadora de recém-nascidos, em tradução livre), em Londres.

Eu pesquisei algumas boas opções no jornal, mas um anúncio em especial chamou muito a minha atenção: "Mylles é um lindo bebê de apenas 5 semanas cuja mãe irá retornar ao trabalho em breve". Meu coração acelerou. Senti uma boa intuição de que aquela seria uma ótima oportunidade para mim.

Eu me compadeci de ele tão pequeno já precisar de ajuda. Era basicamente isso que dizia o anúncio. Telefonei e agendei a entrevista em um domingo à tarde.

Para me entrevistar, me esperavam os jovens pais Arabella e Paul, um casal de padrinhos, os avós paternos e os maternos. Eram 4 casais e um lindo bebê. Quanta expectativa da parte de todos!

Quanta ansiedade a minha, pois novamente iria sair de uma zona de conforto em que me encontrava para aceitar um novo desafio. Foi amor à primeira vista. Fui admitida no mesmo dia. Voltar a Fleet, pedir demissão e me despedir daquela família foi tão difícil que até hoje posso me lembrar do choro e grito das crianças no colo de Jean Peeter. Ele mesmo reconheceu que seria o melhor para mim, mas claro que o decepcionei pela decisão tão abrupta, embora os meses mais importantes de seus compromissos já tivessem passado.

No bairro de Camberwell Green, em Londres, Mylles e eu passeávamos nas lindas manhãs de verão. Muito rapidamente conquistei a confiança de seus pais inexperientes. A mãe realmente não tinha nenhum jeito, achou a amamentação complicada, era jovem, moderna, e muito realizada com sua função de produtora de TV em um canal local. Sendo assim, eu era incentivada a visitar museus e zoológicos, a passear por parques e jardins e a fazer agradáveis almoços em pubs com outras "*nannies*" das mais variadas culturas. Para os ingleses, um bebê ser introduzido nessa rotina era normal.

Camberwell Green era um bairro interessante, pois lá residiam, na época, muitos artistas e intelectuais. Um artista que guardei bem na memória foi o ator Kenneth Branagh, que nos convidou para a pré-estreia do filme Henrique V. Anos mais tarde, ele veio a estrelar Harry Potter. Quanta emoção estar inserida naquilo tudo!

Foram muitas aventuras com o pequeno Mylles. Nas sombras do Hyde Park e Green Park, ele adormecia ao som das antigas cantigas brasileiras que eu cantava e desfrutava do prazer daquela paz em meio ao novo mundo que a cada dia se abria em novidades e oportunidades para mim.

Introduzir a alimentação de Mylles e ensiná-lo a descobrir cheiros, gostos e texturas, que várias vezes se distanciavam da cultura inglesa, era motivo de alegria a seus jovens pais entusiastas e abertos, principalmente porque todos os bebês com os quais convivíamos eram alimentados de um pó pronto industrializado e misturado em água morna. Era ainda uma época em que se acreditava que o leite em pó era superior ao leite materno e que papinhas industrializadas eram práticas e saudáveis. Para mim era um absurdo tão grande que assumi as comprinhas de alimentos para o Mylles e lentamente todo o cuidado relacionado a ele também.

Foi muito gratificante ser contratada com um salário tão alto. Logo nos primeiros dias fui informada de que não deveria gastar nenhum centavo do meu salário no período em que estivesse com Mylles, trabalhando, que era das 9 às 17 horas de segunda a sexta. Para esses gastos havia uma carteira com o suficiente em espécie que ficava na cozinha e frequentemente Arabella reabastecia sempre que necessário. Então, ingressos de museus, lanches na rua, bilhetes de metrô ou ônibus faziam parte dessas despesas, além de compras de tudo que se relacionasse ao bebê.

Sentia-me tão livre e acolhida que, vez ou outra, me dispunha a preparar um jantar brasileiro, o qual os amigos do casal passariam as próximas semanas elogiando e já querendo marcar o próximo!

Meus jantares não eram tipicamente brasileiros, porque confesso que nunca fui muito fã de feijoada, que é o que se fazia quando se pretendia servir um jantar tradicional brasileiro no exterior nos anos 1980. Minha maior influência, a italiana, fazia com que me identificasse muito mais com a culinária toscana.

Só fui compreender isso muito mais tarde, quando tive a oportunidade de viajar pela região.

Embora vovó tivesse nascido na região da Calábria, acredito que a maior parte de suas influências vieram de minha bisavó, nascida em Gênova, que fica bem próxima à Toscana.

Preparava pasteizinhos de forno de linguiça calabresa ou toscana, capeletes ou raviolis de massa esticadinha na hora, bolinhos de espinafre e conservas de entrada! Perguntava ao casal: "Berinjela ou abobrinha?" Quase sempre a abobrinha era escolhida para o antepasto! Essa receita da minha nona é exatamente a mesma que faço até hoje e muitas vezes presenteio amigas com essa deliciosa iguaria.

Cozinhar para o outro é um presente quase sempre repleto de sabor, afeto e de entrega de nosso sagrado tempo! Entendo que presentear o outro com o nosso tempo é o mais caro dos presentes... aquele que não se pode precificar.

Com uma realidade mais próspera, consegui me matricular em uma nova escola de inglês 3 noites por semana, pois me preocupava com a falta de uma boa gramática e redação.

Paralelamente, conseguia poupar bastante e comecei a planejar uma grande viagem que desejava fazer pela Europa. Todas as noites, eu estudava a geografia, a malha ferroviária, a história dos países e todas as possibilidades e roteiros, que eram tantos que me deixavam a cada dia mais e mais entusiasmada.

Nos finais de semana, quando Phil por algum motivo não podia ou porque viajava a trabalho, eu alçava voos mais altos e explorava as diferentes regiões da Inglaterra.

Em alguns outros, fui também convidada a acompanhar a família de Mylles à cidade de sua avó materna, York. Um encanto de casa, de cidade e de hospitalidade.

Viajar de carro também me proporcionava um outro olhar nas regiões e entornos. Aquelas construções tão diferentes rodeadas de jardins tão delicados e bem cuidados me davam uma sensação de encantamento indescritível.

É importante contextualizar que meu entendimento de outras culturas se resumia ao que tive oportunidade de ler nos livros e ver em filmes da época. E eu tinha essa sensação o tempo todo de estar participando e imersa num filme de época.

Todos os anos, por ocasião do aniversário da Rainha Elizabeth, acontecia uma festa dedicada a 100 amigas dela. Era um chá que acontecia nos jardins do palácio de Buckingham e era um evento e tanto. Soube disso quando a avó de Mylles veio para nossa casa para participar do evento, pois era uma das ilustres convidadas. Achei o máximo. Fiquei encantada quando o "Rolls-Royce" preto com um motorista usando uma cartola parou em frente de nossa casa para buscá-la. Ela usava um lindo vestido azul royal, um pouco rodado, de um tecido que eu diria ser tafetá, com sapatos e uma pequena bolsinha forrados do mesmo tecido, e um lindo e enorme chapéu claro, que não poderia faltar no look especial das inglesas da elite. Quando retornou, eu precisava muito saber de todos os detalhes e não me envergonhava de perguntá-los. Eles se divertiam com minha inocência e interesse. Impressionavam-se com meu jeito simples e sincero carregado do desejo de aprender sempre mais e mais.

O mundo não era globalizado como hoje. A impressão que a maioria das pessoas da Europa tinham da América do Sul, principalmente do Brasil, era de um país bastante atrasado. Mas hoje vejo como tive o privilégio de trabalhar para pessoas tão esclarecidas e cultas que já se referiam ao Brasil de uma maneira inteligente e curiosa, pois sabiam da potência que éramos por conta da Amazônia, da nossa dimensão geográfica e de nosso poder de consumo.

Comecei a cuidar de Mylles quando tinha pouco mais de um mês. A licença maternidade da Inglaterra na época era de seis semanas e fizemos a minha adaptação uma semana antes do retorno da mãe ao trabalho. Após as 17 horas, quem cuidava do bebê era o pai, um designer gráfico que, tempos depois, descobri ser famoso na profissão. Na época, para falar a verdade, eu nem sabia o que um profissional dessa área fazia, já que era uma atividade desconhecida no Brasil.

Quando Mylles estava prestes a completar 3 meses, fui convidada a participar dos preparativos de seu batizado.

Minha primeira grande surpresa foi com o costume do bolo. Era tradição guardar o andar superior do bolo de casamento dos pais para ser servido no dia do batizado do primeiro filho. Sim, não importava quantos anos haviam se passado. Trata-se de um bolo cuja receita inglesa é bastante especial, tendo muitas frutas secas embebidas em rum. As frutas desidratadas, por não terem mais água em sua composição, impedem o crescimento de bactérias. Esse bolo é chamado de *"fruitcake"*. Ele leva uma farta camada de marzipã e outra de glacê em volta. Assim, fica conservado na bebida. Existem umas confeiteiras especializadas em reformar a camada externa do glacê de açúcar, que amarelam com o tempo.

Foi assim que o bolo guardado em uma caixa em um armário escuro foi levado para a reforma. Fiquei curiosíssima para experimentar o tal bolo guardado há uns 5 anos. Um pouco forte, mas achei delicioso. Aprendi a gostar de bolo inglês, não necessariamente os de casamentos, porque levam frutas secas e cristalizadas que adoro. Também simpatizo com as formas retangulares que oferecem fatias quadradas que acompanham tão bem um chá.

Voltando ao batizado de Mylles, fiquei preocupada com a minha apresentação. Procurei por brechós, que eram então bem comuns, e encontrei um sapato forrado de gorgorão, de salto social, preto e baratinho. Achei também uma linda camisa de manga comprida branca usada, mas novinha. Ficaram perfeitos com o meu "coringa", que era uma saia de couro preta que eu levei na bagagem para uma situação em que não pudesse usar calça. Comprei também um par de meias finas de nylon.

O couro é ótimo porque não amassa e pode ser usado em ocasiões formais, como fiz nesse caso, ou mais relaxadas no dia a dia, como uma roupa mais esporte com tênis, meias e malhas de lã.

Quando me viram, perguntei se eu estava de acordo com a ocasião, porque nunca havia participado. Com um grande sorriso, responderam que eu estava perfeita!

Eu sabia que não poderia competir com as mulheres da família. Tinha consciência de que, mesmo em dias de festa, eu era a babá. E só estava ali por causa do bebê.

A cerimônia foi realizada pela manhã em uma das capelas subterrâneas da Saint Paul Cathedral.

Eu estava na mesma igreja onde Lady Di e Príncipe Charles haviam se casado. São espaços exclusivos e reservados. Eu ficava por perto e, sempre que necessário, Mylles voltava para meu colo.

Era comigo que ele se acalmava. Isso aconteceu na maior parte do tempo, enquanto os pais recebiam formalmente os familiares e amigos mais próximos de seus pais. Era uma cerimônia bem formal e íntima, reservada a um número limitado de pessoas.

Depois foi oferecido um almoço na nossa casa. Todos, sem exceção, deram de presente uma peça de prata. Era a tradição. Copos, pratos e talheres. Porta-retratos e caixinhas. Nenhuma roupinha, tampouco brinquedos. Achei bem estranho, mas muito chique.

Por meio da família Woods, fui recomendada várias vezes para trabalhar como baby-sitter para algumas outras famílias do bairro. Significava ficar por algumas horas à noite para os pais saírem. Muitas vezes, o bebê nem acordava e eu ganhava o valor combinado. Em um desses contatos, insistiram para que eu fosse na pré-estreia do filme do ator Kenneth Branagh.

Ao final de 5 meses, eu já acumulava uma boa reserva financeira. Tive a oportunidade de me encontrar com uma prima que excursionava pela Europa e passou apenas um dia em Londres. Entreguei a ela 500 dólares, com o objetivo de que levasse para o Brasil e entregasse para meu pai, que, a meu pedido, deveria comprar um *"Europass"*. Tratava-se de um passe de uso ilimitado, que, após aberto, poderia ser usado por 42 dias e só podia ser comprado no seu país de origem, pois destinava-se exclusivamente a turistas. Era a realização do primeiro passo na preparação de minha grande viagem pelo velho continente.

Algum tempo depois, recebi uma carta de papai, com a compra solicitada dentro, onde ele se mostrava bastante preocupado em "no que" eu exatamente estava trabalhando para ter conseguido juntar tanto dinheiro. Dei risada. Com a inflação da época, somada ao câmbio absurdo, era realmente muito dinheiro para brasileiros que exerciam tarefas domésticas como eu. A libra era muito valorizada e minhas funções de maternity-nurse também! Que privilégio foi poder trabalhar e economizar fazendo o que eu gostava e sabia muito bem, já que tinha acumulado tanta experiência com bebês no Berçarte!

Preocupada com o inverno e as possíveis dores nas minhas pernas com a chegada do frio, comecei a intensificar os preparativos para a viagem, pois já calculava ter o suficiente para os tais 42 dias.

Ao mesmo tempo, as saudades de casa começaram a apertar. Eu vivia sentimentos que se alternavam entre o desejo de viver para sempre na Inglaterra e a vontade de rever as pessoas que amava. Difícil decisão. Contudo, minha passagem de volta venceria em janeiro e estávamos no final de outubro. O meu visto também iria vencer em breve.

Assim, naquele mesmo mês decidi fazer a longa viagem, finalizando-a em Madrid, onde pegaria meu voo de retorno ao Brasil no dia 6 de dezembro, tendo tempo de passar as festas de final de ano com a minha família e ainda de escapar do inverno europeu. Eu tinha a intenção de passar alguns meses no Brasil e, em seguida, retornar para a Europa.

Fiz uma pequena mochila e guardei, na casa do Phil, minha bagagem com cerca de 60 kg acumulados no período. Como falei, minha intenção era retornar para a Europa.

Foi assim, contrariando muito os Woods, que já haviam se apegado a mim, que parti.

Decisão difícil de realizar e mais ainda de comunicar! Não havia um contrato, mas estava implícito que não seria para sempre, mas eles também não imaginavam que seriam só alguns meses. Foi o tempo suficiente para acumular muitas memórias inesquecíveis.

Confesso que é difícil para mim me manter estável dentro de rotinas comuns. Gosto de emoção, de novidades, de situações interessantes, de viver novas experiências e de conhecer pessoas e lugares diferentes.

Percebo a ansiedade das pessoas que me reencontram em me ouvir, porque sempre tive minha vida recheada de histórias e fatos surpreendentes. E elas criam essa expectativa de qual será meu próximo "capítulo de vida".

Apesar da dificuldade de deixar os Woods, resolvi que precisava me manter alinhada aos meus planos de viagem.

A minha viagem pela Europa e o reencontro com o amor

Refletindo hoje, concluo que tudo durou exatamente o tempo certo para que a história que estava reservada para mim, os planos de Deus talvez, se realizassem!

Para dar início ao período do passe *"Europass"*, eu teria que sair da Inglaterra, pois ela não fazia parte dos países que o passe atendia. Decidi tomar um ônibus para Calais, no norte da França. De lá, peguei o primeiro trem rumo ao meu primeiro destino: Amsterdã, na Holanda.

Foram 42 dias de encontros e descobertas. E de surpresas a cada minuto. Depois da Holanda, fui para a Escandinávia, pois era começo de novembro e o frio chegava por lá primeiro. Fiz 22 trechos de viagens *"overnights"*, que significava aproveitar para dormir no trem onde eu economizava tempo e dinheiro. Suécia, Noruega, Finlândia e Dinamarca. Alemanha, Bélgica, Suíça, Áustria. França e Itália. Finalmente, Espanha, onde a viagem terminaria. Na maioria das vezes, hospedava-me em albergues da juventude nos quais quase sempre conseguia fazer algumas amizades para explorarmos juntos alguma região.

Dessa forma, cada dia era uma novidade, uma nova amizade que chegava e outra que partia. Alternava momentos em que estava no meio de grupos intensos e outros nos quais caminhava completamente sozinha.

Reservei um período maior para a Itália, onde desejava conhecer um pouco melhor a terra dos meus antepassados. Desembarquei em Roma e depois de realizar o grande sonho de assistir a uma missa celebrada por João Paulo II na praça do Vaticano e visitar a capela Sistina, segui direto para a Sicília, para conhecer Palermo e depois visitei as cidades de Nápoles, Pisa, Verona, Veneza, Florença, Milão, Bolonha, Sorrento e Turim. O som dos dialetos e o jeito italiano de falar e de se expressar já me faziam sentir completamente em casa. Era como relembrar épocas de convívio com os primos de mamãe e amigos de vovó.

Inconformado em saber que poderia passar meu aniversário sozinha, Phil foi ao meu encontro no dia 24 de novembro de 1989, em Paris, para celebrar a data comigo. Brindar com um Kir Royal em um café da Champs-Élysées foi o auge, mas nada me fazia acreditar na possibilidade de construir uma vida a dois ao seu lado.

Quando cheguei em Madri para os últimos dias, verifiquei o quanto de dinheiro tinha sobrado, pois sem acesso a cartão de crédito, eu economizava bastante com receio que acabasse antes de chegar ao Brasil!

Assim, procurei a agência da companhia aérea e consegui postergar minha volta por mais uma semana, para 12 de dezembro. E assim fui conhecendo pelo trajeto cidades da Espanha até chegar a Lisboa para os dias finais.

Era final de ano, quando muitos jovens retornavam para casa com os mesmos objetivos que eu — passar as festas natalinas e aproveitar o verão brasileiro.

Quando entrei no avião, antes mesmo da decolagem, alguém solicitou mudança de assentos e um rapaz sentou-se ao meu lado. Seu nome era Marcos. Entusiasmado por voltar ao Brasil e rever sua família após 2 anos vivendo em Londres, ele contou que havia ido à mesma agência da companhia aérea que eu, mas que antecipou seu voo, porque já estava cansado de viajar e ansioso para voltar para casa. Ele antecipou e eu posterguei, para que aquele dia 12 dezembro acontecesse.

Conversando a bordo, contando minhas dificuldades iniciais, relatei aquele telefonema dado logo que havia chegado, para o único número de referência brasileira que possuía em Londres.

Quando falei o nome da dona da casa, ele assustado me perguntou se eu ainda tinha esse número e, ao conferirmos, descobrimos que era da casa dele, onde ele participava, com certeza, daquele almoço.

No voo de retorno ao Brasil conversamos a noite toda, enquanto tomávamos uma garrafa de vinho que ele trazia a bordo. Eu não poderia imaginar naquele momento a vida que me aguardava, e que ela seria vivida por um bom número de anos a seu lado.

Pousamos em São Paulo. Cada um a seu modo queria muito viver um novo momento, uma vida nova no amor, e se possível juntos.

PASTELZINHO ASSADO DE LINGUIÇA

Ingredientes para a massa

100g manteiga ou margarina;
6 colheres de sopa de leite gelado;
1 pitada de sal;
farinha o suficiente para a massa ficar bem solta das mãos.

Ingredientes para o recheio

4 gomos de linguiça fresca calabresa ou toscana;
1 cebola bem batidinha em cubos pequenos;
2 colheres de sopa de extrato de tomate;
sal e pimenta do reino a gosto;
1 colher sopa de azeite;
2 ovos cozidos;
50g de azeitona verde sem caroço fatiadas;
1 pires de salsinha picada.

Modo de fazer

Misture os ingredientes da massa com as mãos e vá incorporando a farinha aos poucos, até que esteja macia e que a massa fique totalmente desgrudada das mãos. Deixe a bola de massa bem lisa e polvilhe com um pouco mais de farinha. Cubra com um pano e deixe descansando enquanto prepara o recheio.
Faça um corte na lateral da linguiça para que possa remover toda a pele e esfarelar como se fosse uma carne moída. Se observar pedaços de gordura exagerados, descarte-os.
Em alguns açougues ou mercados mais especializados, você poderá encontrar a linguiça já pronta dessa forma.
Coloque em uma panela e leve ao fogo médio a linguiça com o azeite.
Mexa o tempo todo para que possa fritar bem sem queimar.
Quando estiver bem fritinha, acrescente a cebola, os temperos, o tomate e espere murchar e incorporar bem.
Desligue o fogo e misture os ovos cozidos, a azeitona e a salsinha.
Espere esfriar bem para usar.
Divida a massa em bolinhas de acordo com o tamanho que desejar que cada pastel tenha. Estique cada bolinha com um rolo, coloque 1 colher bem cheia do recheio, feche as bordas e com ajuda de um garfo vá molhando em água fria e forçando o fechamento por toda a lateral para que não abra quando assar.
Pincele cada um com uma gema de ovo misturada com uma colher pequena de café preto.
Leve para assar em forno pré-aquecido a 200 graus por cerca de 20 minutos até que fiquem dourados e crocantes.

Se desejar, polvilhe gergelin para enfeitar.

ANTEPASTO DE ABOBRINHA

Ingredientes

1kg de abobrinhas italianas tenras;
1 colher de sopa de orégano;
1 cebola ralada;
2 dentes de alho picado;
½ colher de sobremesa de pimenta do reino;
1 xícara de chá de vinagre de vinho;
½ colher de sobremesa de sal;
2 xícaras de óleo misturado com azeite;
100g de azeitona verde picada em rodelas.

Modo de Fazer

Lave bem as abobrinhas e corte-as em rodelas finas. Se preferir use o mandolin.
Disponha em uma assadeira e em seguida regue com todo o óleo misturado com azeite, vinagre, temperos e misturar tudo muito bem.
Leve a assadeira ao forno brando. Quando as abobrinhas estiverem murchas e o vinagre todo evaporado, deixe esfriar.
Coloque em um recipiente de vidro, misturando toda a azeitona picada.

Capítulo V

Capítulo V

O casamento e o nascimento de uma empresa na cozinha de casa

Aterrissamos no Brasil em dezembro de 1989. Era momento de grandes mudanças. Não deu tempo de nos "inteirarmos" de quem era Fernando Collor de Mello, o novo presidente eleito, nem de matar as saudades de todos. A crise inicial já estava instalada. Decidimos ficar juntos e no Brasil. Mas não havia empregos, ou melhor, as empresas não contratavam, pois aguardavam possíveis medidas econômicas do governo para entenderem quais seriam as novas regras do jogo e as perspectivas futuras de um país assolado pela inflação. Dito e feito. A primeira grande medida que abalou demais a população brasileira foi o confisco financeiro. Eu, para ser sincera, não tinha economias. Já o Marcos, mais precavido, voltou com alguma reserva financeira. Conseguiu comprar uma moto e acreditava ter dinheiro suficiente para se manter até conseguir um emprego.

Após as festas de final de ano, voltei para Campinas logo no início de janeiro, para o meu apartamento que continuava fechado.

Era um apartamento bem localizado em uma das avenidas mais importantes de Campinas. Bem pequeno, mas caprichosamente arrumado por mim bem antes do meu acidente. Possuía um dormitório com varanda, com vários vasos de plantas, que, por incrível que pareça, alguns me acompanham até hoje. Detalhe que minha cama era de viúva, feita sob medida para o quarto pequeno. A cozinha, embora totalmente fechada, era estreita e se unia à lavanderia. A sala era bem arrumada e não possuía ventilação. Nenhuma janela.

No primeiro final de semana, já recebi a visita de Marcos. Confesso que estava tão ansiosa que resolvi me preparar para esperá-lo fazendo um delicioso empadão de frango. Com as tiras de massa que normalmente usamos para fazer um trançado por cima, eu as usei para fazer um "M" bem grande enfeitando o prato e surpreendendo-o muito, é claro. Era meu jeito de agradar e recepcionar quando estou feliz.

No segundo final de semana, ele ficou um pouco mais: chegou na sexta-feira e voltou para São Paulo na segunda. No terceiro final de semana, ele decidiu começar a procurar emprego em Campinas. E nunca mais voltou para a capital. Nunca mais nos separamos e vivemos juntos pelos 17 anos seguintes.

Nos casamos em agosto de 1990, 6 meses depois daquele dia em que nos conhecemos no avião. Foi uma cerimônia do jeito que mamãe queria: festejamos com todos os nossos amigos. E do jeito que eu queria, sendo abençoada pela Igreja Católica.

Congelados

Dali em diante, minha trajetória profissional veio a se misturar com a vida pessoal. Construí ao longo desses anos, junto com o Marcos, uma família linda e uma empresa de sucesso.

Tudo começou em uma tarde de um domingo. Decidi que precisava fazer qualquer coisa e não ficar na incerteza de quanto tempo levaria para arrumar um emprego. Eu precisava reagir. Era necessidade de sobrevivência misturada com o orgulho de não acionar minha família financeiramente.

E o meu ímpeto empreendedor voltou a todo vapor. Tive a ideia de começar a cozinhar e congelar pratos triviais do dia a dia para revender. Sempre minha imaginação me levava à arte culinária e às memórias afetivas construídas em torno da mesa de minha família. Passei a tarde imaginando os detalhes da empresa. Do cardápio até como faria para produzir, divulgar e distribuir. Meu raciocínio foi oferecer praticidade, mas com o sabor familiar que recheava minhas memórias.

Um freezer horizontal bem grande, de duas portas, com mais de 500 litros, comprado nas Casas Bahia e parcelado em 24 vezes, foi o ponto de partida. Lembro-me de ser questionada por alguns familiares e amigos onde eu iria colocá-lo naquele apartamento minúsculo. Porém não vi o menor problema em instalá-lo na sala ocupando grande parte do espaço disponível.

Depois de mais de 30 anos, ainda me recordo do cardápio. Eram as receitas que haviam recheado a minha infância e juventude e que eu sabia fazer muito bem: panquecas de frango, carne e legumes; almôndegas e polpetones recheados ao molho; lasanha à bolonhesa; espaguete à parisiense; charutinhos de repolho recheados de carne ao molho de tomate bem caseiro; arroz à grega; feijão branco com mini bolinhas de carne; tortas diversas e empadões de carne, legumes, e de frango com catupiry; rocambole de carne moída; e mais alguns pratos bem triviais que fizeram muito sucesso pelo capricho e cuidado no preparo. Desde sempre, eu preparava tudo do jeito que eu gostaria que fosse se estivesse comprando. Sem muita consciência, eu me posicionei no mercado com a "minha régua" de exigência. Fui acostumada por vovó com muita qualidade e capricho. No meu cardápio tinha também uns potinhos de 500g de sopa de creme de legumes, canja e massa para pão de queijo! Achei que complementariam bem o cardápio atendendo às necessidades do dia a dia de famílias com filhos pequenos e vida atribulada.

Marcos decidiu que me ajudaria enquanto não conseguisse um emprego. Íamos juntos às compras em sua moto. Enchíamos muitas malas com os alimentos que iam entre nós e em mochilas nas costas. Era admirável de se ver como conseguíamos esse feito. Era isso mesmo que você leu. Fazíamos compras de supermercados de moto, pois era a única opção. Quando nos aproximávamos da moto com o carrinho cheio, algumas pessoas paravam para tentar entender como conseguiríamos a façanha. E eu ia ajeitando tudo em duas mochilas que iam nas nossas costas, uma mala era amarrada no tanque e outra atrás e às vezes algo ainda ia em sacolas menores nos meus braços. Minha lembrança de delivery da época se restringia às pizzas e flores. Nada mais se entregava no conforto de sua casa. Então entregar nossos congelados era inovador nesse quesito também.

Precisava divulgar o negócio. Então fui ao escritório da minha querida amiga Rosélia. A Rô, como carinhosamente a chamamos, era contadora de um ótimo escritório vizinho ao meu antigo trabalho público. Conhecemo-nos em 1984, quando a procurei para constituir meu primeiro contrato social, o do Berçarte. Hoje ela se dedica apenas à advocacia, mas é daquelas advogadas que todos querem ter nos momentos difíceis de família, por exemplo, porque sua escuta sensível e paciente acalma qualquer coração. Posso dizer que sempre tive o privilégio de tê-la ao meu lado em todos os momentos dos meus últimos 40 anos. Dos mais difíceis aos mais felizes! Minha madrinha de casamento e do meu primeiro filho, Danilo.

No escritório dela, Rô me ajudou a datilografar e a fazer a arte do cardápio. Posteriormente fizemos cópias numa gráfica e começamos a distribuir aos moradores de toda a avenida onde morávamos em Campinas, a Norte-Sul, bem como nos prédios da Princesa do Oeste.

Tenho muito orgulho dessa etapa. Ela envolveu muita coragem e determinação. Não tínhamos vergonha, pelo contrário, nos divertíamos, sem perceber que ali se iniciava uma empresa de verdade. Mas fomos vivendo e subindo cada degrau aos poucos, enfrentando e removendo todos os empecilhos que apareciam no nosso caminho.

Congelar comida pronta requeria uma expertise que, na verdade, eu não tinha. Foram várias tentativas: errava bastante, mas ia ajustando até conseguir acertar. E acabei conseguindo acertar o congelamento de todas as receitas. Logo no início, algumas pessoas mais próximas compravam com o objetivo de nos incentivar e nos ajudar.

Dei o azar, na verdade muita sorte, da minha então futura sogra, a Edy, comprar a lasanha congelada e recebi o meu primeiro e difícil feedback: ao descongelar o alimento, a massa encheu de água. Por sorte não tínhamos vendido ainda as demais unidades que, claro, comemos mesmo aguadas. Logo descobri que o Marcos havia, na pressa, fechado e embalado as lasanhas ainda quentes e esse vapor congelava e virava água no processo de descongelamento. Busquei ajuda na literatura técnica, preparei novos lotes, aprendi a dar "choques térmicos" para que esfriassem mais rápido. A partir de então as massas ficaram ótimas!

Para aprender a superar os problemas, eu seguia pedindo ajuda e dicas. Na tentativa e erro. Era a vida que se construía numa época sem internet, mas com muita vontade de acertar.

Marcos e eu íamos juntos às compras. Ele cuidava das embalagens, rotulagens e entregas. Lavou muita louça também. Eu cozinhava cada vez mais. E seguia atendendo o telefone alugado para anotar os pedidos.

O sucesso do pão de queijo

Uma das primeiras receitas que começou a fazer sucesso foi a massa de pão de queijo que vendíamos em pequenos potes. Essa receita me foi repassada pela querida Rosélia. Ela era uma mineira legítima que trazia aquela cultura da "massa escaldada" em óleo quente. Escaldar significa esquentar bem o óleo e jogar sobre o polvilho. Isso deixava minhas mãos bem vermelhas e irritadas pelo calor do óleo, mas não me importava. Eu assava uns minipãezinhos de queijo e oferecia aos porteiros dos prédios, pois afinal eu contava com a boa vontade deles na distribuição de nossos cardápios aos moradores.

Eu já fazia marketing, sem ao menos saber tal nome nem as suas técnicas. Fazia tudo de forma intuitiva.

Era uma trabalheira danada para atender às encomendas e, como consequência, as compras de ingredientes e embalagens aumentavam.

Marcos já não falava mais em emprego e entusiasmava-se cada dia mais com o aumento de nossa produção.

Até que nosso potinho de massa de pão de queijo, por meio de uma cliente, foi parar em uma concorrência de fornecimento para uma grande empresa da região. Ela me ligou pedindo autorização para inscrever nosso produto e eu, claro, sem avaliar possíveis consequências, disse que sim e agradeci toda feliz.

Ao sermos comunicados de que tínhamos vencido a disputa, recebemos da grande empresa um pedido inicial de um balde de 10 quilos por dia. Eles nos fariam pagamentos mensais pela matriz em São Paulo, mediante a nota de faturamento que deveria ser emitida por nós a cada quinzena.

Entramos em pânico. Como não tínhamos empresa aberta, não emitíamos nota fiscal, assim como não contávamos com capital para produzir essa quantidade e suportar um fluxo de caixa de 30 dias.

Contudo, nada disso me intimidou. Eu tinha uma disposição invejável. Nada me segurava. Claro que o fornecimento foi iniciado. Consegui em uma padaria um acordo para a emissão das notas enquanto pensávamos em como poderíamos abrir uma empresa para, assim, podermos emitir nossas próprias notas. Um laticínio nos deu crédito no fornecimento do queijo.

Não foi preciso muitas contas para se concluir que a produção de pão de queijo seria o melhor caminho para nós: exigia poucos ingredientes, pouco tempo de preparo e trazia muito retorno financeiro.

Marcos começou a visitar novos possíveis clientes. A distribuição aumentou e se esparramou pela cidade. Em pouco tempo passamos a vender muitos potes de 10 quilos por dia! Não existiam bolinhas congeladas até então.

Paralelamente, descobrimos algo que hoje parece óbvio, mas na época não era para nós: não se podia abrir uma empresa alimentícia em um apartamento.

Era o início da minha empreitada no ramo alimentício. Resolvemos procurar um local para termos o espaço adequado para conciliarmos nossa residência com a produção. Fizemos nossa primeira mudança para uma casa no bairro Jardim Flamboyant.

Era uma daquelas casas térreas bem típicas de cidade do interior. Na frente, um pequeno jardim e uma linda amoreira. O que me atraiu foi o fato de a cozinha ser muito espaçosa, desproporcional até para o restante da casa, e com uma copa bem arejada. Marcos era bem habilidoso com marcenaria e construiu ele mesmo uma grande bancada onde eu podia preparar tudo confortavelmente. A sala de jantar era fechada e dava para a frente da casa. Nela não havia móveis. Não os tínhamos porque o mais importante naquele momento era a empresa que nascia. Essa sala virou um grande depósito de polvilho, que já comprávamos em grandes sacos de 50 kg, e dos demais ingredientes.

Restavam apenas dois quartos e um banheiro que era nossa área pessoal. Um foi preparado para sala de televisão e o outro nosso dormitório. Nos fundos um pequeno quintal.

Meu espaço destinado à produção tinha crescido! Agora eu já conseguia me organizar bem melhor e, assim conseguimos acomodar novos freezers para a estocagem dos produtos.

Em apenas 3 meses, já tínhamos nos mudado para onde a primeira empresa foi oficialmente formalizada. Batizamos a nossa companhia de "SEMS-Indústria e comércio de produtos alimentícios", que nascia no mês de abril de 1990.

Problemão e anjos para me salvar

Com o aumento da produção e distribuição, começamos a receber reclamações de que nosso pão, depois de assado e quando deixado de um dia para outro, murchava. Já tínhamos parado com os outros congelados e ocupado todo o freezer com os pães de queijo.

Quando meus pães começaram a murchar e alguns clientes começaram a devolver a massa, fiquei desesperada e recebi duras críticas.

Mas era um caminho sem volta. Desistir nunca fez parte do meu vocabulário, mesmo estando tão assustada.

Eis que coração de mãe parece bater junto com o nosso e quando eu me encontrava totalmente desolada, a minha me ligou perguntando se estava tudo bem. Comecei a chorar no telefone, pois o estresse e a cobrança dos clientes e do departamento comercial, que sempre se resumia ao meu sócio e marido Marcos, eram grandes. Minha mãe foi executiva de compras a vida toda e sabia como ninguém levantar fornecedores, fatos e soluções para tudo. Meia hora depois, me ligou dizendo: "Anote aí!

Esse número é de onde fazem o melhor pão de queijo de São Paulo e dão curso por lá também!"

Ao telefonar para fazer a inscrição no curso do famoso panificador Benjamim Abrahão, ouvi um "Infelizmente a turma lotou e não temos vagas!". Eu desliguei o telefone, me aprontei rapidamente e disse ao Marcos: "Vou para São Paulo fazer um curso. Lá eu vejo como farei para entrar na aula." Assim sou eu. Nada me impede. Nada me intimida. Se estou no meio de um problema, não sossego enquanto não chego à solução.

Nossos clientes não queriam ter perdas. As devoluções do pão murcho só aumentavam. Desesperada por perder meus primeiros e grandes clientes já conquistados, fui para São Paulo, consegui que me aceitassem no curso, fiz a aula especial de pão de queijo com o saudoso e querido Benjamim Abrahão. A aula era de preparo de pão de queijo e pizza.

Penso que Deus coloca anjos no nosso caminho ao ver que precisamos e merecemos ajuda. Benjamin foi um deles. Diante de minha vulnerabilidade, sua empatia nos transformou imediatamente em amigos. O querido professor compartilhou comigo seus segredinhos do melhor pão de queijo do mundo: aquele que ele mesmo, o melhor panificador que tive o privilégio de conhecer – desenvolveu. Seu pão de queijo era saboroso e não apresentava nenhuma falha ou problema nem antes nem depois de assado. Sua receita garantiu nosso sucesso total.

Benjamim se identificou comigo. Assim como eu, nunca deixou de se lembrar dos percalços enfrentados na sua luta pela construção de uma reputação e marca que simbolizava qualidade e inspirava capricho.

Parece simples fazer um pão de queijo. Com poucos ingredientes, basta misturá-los para ficar pronto, você pode pensar. Não... há que se aprender a escolher o queijo bem curado, de preferência mineiro; observar se o polvilho é mesmo de ótima qualidade, e se ele for armazenado no chão, absorve a umidade e perde totalmente suas características. Com Benjamim, aprendi também que o polvilho azedo precisava estar presente em 20% da composição do total de polvilho usado e precisávamos deixá-lo agir como um fermento quando associado ao polvilho doce. E o mais importante era a proporção: 1 quilo de queijo para 1 quilo de polvilho. Tinha também o detalhe da temperatura: o leite e a manteiga deveriam estar bem gelados. E não dava para se prender apenas à receita: você precisava observar com os olhos e sentir com as mãos a textura exata da massa, porque as proporções variam muito de acordo com o quanto o queijo está curado e os demais ingredientes apenas se complementariam.

O legado de Benjamin foi para mim bem além dos segredinhos do pão de queijo perfeito. Ele me mostrou, pelo exemplo, a importância de perseverar, de acreditar, de se apaixonar, de se dedicar e de realmente se envolver com amor com tudo e por todos. Ele dizia que cozinhamos para mexer com os sentidos, proporcionar uma experiência de prazer e fazer felizes aqueles que comem.
Naquele momento, a receita também aprendida da pizza ficou guardada para uso familiar.

Voltei animadíssima do curso, já mudando desde o estoque onde os queijos e os sacos de 50 quilos de polvilho eram armazenados até a forma como treinávamos nossos clientes a assarem e servirem nosso pão.

Na sequência, veio um período de muito crescimento na fabricação dos pães congelados. Com apenas 6 ingredientes e meu trabalho sozinha na cozinha, conseguíamos faturar em um dia mais do que todas as comidas congeladas que vendíamos em 1 semana.

Usamos a nova casa para onde nos mudamos como fábrica e residência por aproximadamente 2 anos. Na copa tínhamos alguns freezers. O congelamento era lento. O envase dos potes era manual.

Minha natureza empreendedora se revelava a cada novo desafio. Eu garantia na nossa sociedade a coragem necessária para seguirmos adiante. Não era só uma questão de coragem, mas de certeza, de otimismo, que em contrapartida complementava a habilidade do Marcos em cuidar das vendas, do atendimento aos clientes e da gestão financeira.

Sanduichinhos de pão de queijo

Nesse período, participamos de algumas feiras e exposições, assim como de grandes festas na região. Nossa barraca de pão de queijo era sempre uma das mais movimentadas.

Como competíamos nesses eventos com sanduíches deliciosos e bem substanciais de pernil e cachorro-quente, inventei nossos sanduichinhos de pães de queijo. Doces e salgados! Foi algo totalmente inovador. Era uma proposta até então inexistente em São Paulo. Que sucesso! Os pães de queijo com salame e peito de peru e doce de leite e goiabada eram os mais pedidos.

Pensando em otimizar a logística, diversificar os negócios e não ficar dependentes de um único produto, comecei a fazer algumas sobremesas solicitadas pelos cafés e lanchonetes de escolas e empresas, pois em quase todos os locais onde se comercializava os pães de queijo havia também vitrines refrigeradas para sobremesas.

Eram algumas receitas de família: a tradicional torta de limão, e os brigadeirão, quindão, bolo de chocolate e tantas outras.

E assim fomos construindo nossa vida familiar totalmente embalada pela profissional. Nossos amigos nos incentivavam. Nossos familiares nos apoiavam. E todos nos motivavam a não desanimar e seguir adiante.

Todos os meus presentes de casamento, que foram muitos, permaneceram embalados e encaixotados, pois, como disse, praticamente toda a casa era envolvida e dedicada às necessidades do trabalho, nossa prioridade. Cozinha, copa e sala de jantar eram locais de armazenamento e produção. Uma das primeiras visitas que recebemos na nova casa foi a dos meus sogros. A Edy e o Luiz Fernando moravam em São Paulo e costumavam frequentar lá muitos restaurantes, pizzarias e rotisserias. Ela, embora não gostasse dos afazeres culinários, gostava de comer bem e era muito exigente em seu paladar.

Ainda existia uma certa cerimônia entre nós, porque, afinal de contas, o relacionamento entre mim e o Marcos era ainda muito recente. Depois de passarem uma tarde toda conosco, no início da noite, eu perguntei se estavam com fome, no que Edy aliviada respondeu que sim! Perguntei, em seguida, se gostariam de lanchar uma pizza. Adoraram a ideia e eu fui para a cozinha. Ela foi atrás de mim, pois imaginava que pediríamos uma pizza no delivery. Quando ela me viu pegando o pote de farinha, ficou incrédula e imaginou ser uma brincadeira, mas era verdade. Nós não nos permitíamos despesas extras, pois todo o lucro precisava sempre ser reinvestido na compra de mais formas, potes e equipamentos para conseguir atender ao aumento da demanda diária. Mas eu também não me importava de preparar a receita do querido Benjamim. Ela, desconsolada, acreditou que morreria de fome até a pizza ficar pronta, porém, ela chegou à mesa antes mesmo do tempo que as pizzarias de São Paulo levavam para entregar. Ela adorava contar esse episódio e, sempre que se lembrava dele, dava boas risadas.

Seguimos prosperando. Eu cuidava de produzir as encomendas e me preocupar com as receitas. Garimpava nos cadernos de família as sobremesas tradicionais e as preparava para os clientes. Marcos cuidava da administração que envolvia as compras, pagamentos e recebimentos, assim como das vendas. Também me ajudava com as entregas.

Nossa empresa era limitada a essas tarefas. Éramos nós dois somente. Nem uma faxineira tínhamos. Eu tinha ainda que cuidar da organização e limpeza de toda a casa. Mas, apesar de trabalhar muitas horas diariamente, confesso que foram anos muito felizes. Eu não me importava de trabalhar tanto. Estava envolvida e realizada com o prazer de construir um casamento, uma família e uma empresa. Ainda mais trabalhando com culinária, algo que sempre foi uma paixão.
Cada novo cliente conquistado era celebrado com alegria por nós.

Aprendemos cedo e nos acostumamos a ser rígidos com nós mesmos em relação ao consumo. Além da questão da saúde, pois não desejávamos ser pessoas com sobrepeso, também entendíamos que precisávamos respeitar e limitar o que era nosso e o que fazia parte do negócio em si. Não misturávamos e não gastávamos as entradas da empresa com as nossas contas pessoais. Fazíamos uso racional do caixa, com uma retirada mensal fixa, acordada para suprir nossas necessidades. Com certeza, faz toda a diferença você ter essa clareza e organização quando começa uma empresa familiar. Os lucros e o caixa da empresa devem ser usados principalmente para o fortalecimento e reinvestimento nos negócios, principalmente em seus primeiros anos de operação. É respeitar a "pessoa jurídica", já que, afinal de contas, esse termo não foi inventado à toa!

Aprendizados de dona de negócio próprio

Recentemente ouvi a expressão de que a palavra "empreendedor" tem DOR na sua composição.

Comecei a refletir a respeito. Penso que o que menos tive em todas as minhas experiências empreendedoras foi dor. Explico: dentro de mim mora uma pessoa que aprendeu muito cedo a lidar com a dor, os problemas e os fracassos. Aprendi a olhar para frente e virar a página rapidamente. Aceitar os erros, aprender com eles e seguir em frente. É nisso que acredito e assim pratico na minha vida.

Desenvolvi um mantra: "O que não tem solução, solucionado está". Isso faz com que não fiquemos remoendo os fatos.

Meus sentimentos se alternavam nessa época entre entusiasmo, ansiedade, paciência, resiliência, alegria, decepção, orgulho, medo. Não necessariamente nessa ordem.

Acredito na seguinte fórmula para impulsionar um empreendedor nos primeiros anos de construção de sua empresa: Entusiasmo + Paciência = Força Motriz para fazer os seus negócios andarem para adiante.

A possibilidade real de você obter resultados trabalhando em algo que ama gera uma imensa alegria, disposição e resiliência para lidar com os vários problemas que acontecem na trajetória de qualquer empresa em fase inicial.

Ao longo do processo de empreender, me decepcionei muitas vezes, mas o medo de fracassar era tão grande que conseguia transformá-lo em combustível. Somava-se também uma certa dose de orgulho, pois no meu repertório nunca entrou a palavra NÃO... "não dá, não consigo, não vou, não posso."

Sei o quanto as pessoas se exercitam em terapias na necessidade de aprender a dizer não em suas vidas pessoais, todavia, na vida empreendedora, o não saber dizer não nos traz uma potência incrível, pois você não se limita.

O desejo de conquistar resultados e melhorá-los continuamente se traduz em uma ansiedade gostosa de quem vibra todos os dias em busca de querer sempre mais.

Foco direcionado para as sobremesas

Depois dos primeiros meses de crescimento de nosso negócio, descobrimos o significado da palavra concorrência. Tudo que é sucesso é copiado. Isso é fato. Muitos fornecedores de pão de queijo começaram a atravessar o nosso mercado, com uma massa bem mais barata, de menor qualidade, que levava pouco queijo.

Hoje entendo o significado de ser pioneira. De exercer a liderança. Naquele momento, preferi renunciar ao nosso famoso pão de queijo do que baixar a qualidade. O nome que construía começaria a ser sinônimo de qualidade.

Percebemos que havia uma oportunidade de mercado muito interessante na produção de sobremesas. Foi assim que decidimos empreender apenas com sobremesas, com o fornecimento para os restaurantes locais, um deles, bem tradicional em Campinas e que existe até hoje, o restaurante Rosário. Ele tinha um senhor responsável pelas compras das sobremesas. Eram receitas caseiras que chegavam por meio de fornecedoras como eu para rechear o carrinho que seria oferecido para seus exigentes clientes.

Em pouco tempo cai nas graças dele. Acredito que ele reconheceu meu esforço e se sensibilizou com minha barriga enorme que já gerava meu primeiro filho e, mesmo assim, seguia com os preparos e entregas regularmente.

Normalmente às sextas-feiras, os pedidos eram maiores para serem suficientes para o final de semana. Numa ocasião, ele me desafiou dizendo que, se eu apresentasse uma torta de morangos melhor que a da minha concorrente, me daria exclusividade no fornecimento de todas as sobremesas, considerando que o único item realmente fundamental desta parte do portfólio dele era a torta de morangos.

Já em casa, desabafei com o Marcos, pois, na verdade, nunca tinha feito uma torta de morangos e muito menos imaginava "como" fazer a melhor!

Foi então que ele me contou suas lembranças dos tempos escolares, de adorar estudar na casa de seu amigo Dantas cuja mãe sempre preparava para eles a melhor torta de morango que ele já havia comido!

Insatisfeita com as tentativas de explicação dele de como seria essa torta, lá fomos nós para São Paulo, tentar achar a casa da família do Dantas em Santo Amaro. Finalmente, tocamos a campainha. E não é que a mãe dele não só ainda morava no mesmo local como nos atendeu e nos recebeu com muito carinho e feliz pelas doces lembranças do Marcos, que nos levaram de volta a esse doce passado?

Segundo todos da família, ela seguia famosa com sua torta de morangos. Não só me passou a receita, como detalhou carinhosamente todos os passos importantes para o seu preparo.

Eu não só conquistei o cliente, como superei a concorrência. Fazia uma centena de tortas para este e vários novos clientes que foram surgindo.

Eu tinha uma grande bancada na cozinha e ia preparando cerca de 20 unidades por vez. Era uma trabalheira imensa, porque requeria lavar e secar perfeitamente os morangos um a um.

Era comum amigas passarem em casa para me fazer uma visitinha e acabarem passando horas me auxiliando nessa maratona de massas, recheios, morangos e coberturas. Tudo feito em série e com a solidariedade geral de quem aparecesse por perto.

Para minha sorte, a temporada de morangos começava no início do inverno e terminava no começo de outubro. Como não tínhamos essa fruta disponível o ano todo como acontece atualmente, essa sazonalidade nos levou a pensar em alternativas para o nosso negócio.

Assim, nasceu a ideia de abrirmos o nosso próprio café. Naquele ano de 1991, começaram a aparecer os primeiros em Campinas. Eu também queria muito poder separar os ambientes de nossa vida profissional do da vida familiar e assim me preparar para receber nosso bebê que estava a caminho!

Foi quando encontramos um pequeno ponto comercial, situado na Avenida Irmã Serafina, no centro de Campinas.

Nascia assim o Café Bruges, uma referência à linda e romântica cidade belga que eu havia conhecido e me apaixonado.

ROCAMBOLE DE CARNE MOÍDA

Ingredientes

500g carne moída;
100g de aveia em flocos finos;
40ml de azeite;
1 cebola pequena;
1 dente de alho;
salsinha e cebolinha;
sal;
pimenta do reino;
50g bacon em tiras;
100g muçarela fatiada;
recheio a gosto.

Modo de fazer

Misture os temperos e a aveia na carne moída, misturando bem com as mãos.
Abra um filme ou plástico em uma bancada de aproximadamente 20cm x 30cm e ajeite bem a massa de carne formando um retângulo de aproximadamente 1cm de altura.
Distribua as fatias de muçarela sobre toda a carne e por cima todo o recheio.
Com o auxílio do plástico, enrole o rocambole fazendo um rolo e lembre-se de fechar bem as laterais.
Disponha as fatias de bacon paralelas com intervalos regulares por sobre todo o rocambole.
Leve a um pirex refratário untado com azeite, cubra com papel alumínio e leve ao forno por 20 minutos a 200ºC.
Retire o papel alumínio e retorne ao forno para dourar por mais 15 minutos aproximadamente.

Dicas

A aveia é opcional e está presente apenas para enriquecer nutricionalmente a receita e dar também rendimento. Ela não altera o sabor, mas dá um pouco mais "de liga".
Para o recheio, utilize o que tiver em casa disponível.
Sugestão: cebolas cortadas em rodelas, ovos cozidos, azeitonas, legumes e/ou verduras cozidos, frios embutidos em geral.

EMPADÃO DE FRANGO COM CATUPIRY

Ingredientes da massa

1kg de farinha de trigo;
500g de manteiga;
1 ovo batido;
3 colheres de sopa de água gelada;
1 colher de chá de sal;
1 colher de chá de fermento pó;
1 gema misturada com algumas gotas de café preto para pincelar.

Modo de fazer

Reserve uma xícara rasa de farinha de trigo e misture a restante com o sal e o fermento. Despeje em uma superfície lisa, abra um buraco no meio, quebre o ovo, coloque a água e corte a manteiga em pedacinhos pequenos. Vá colocando a manteiga e misturando de dentro para fora até que fique tudo bem integrado.
Embrulhe em filme plástico e leve à geladeira por aproximadamente 30 minutos.

Recheio

Ingredientes para o frango

1kg de peito de frango;
1 cenoura;
1 tomate maduro;
1 cebola média cortada ao meio;
3 dentes de alho;
sal;
grãos de pimenta.

Ingredientes do recheio

3 colheres de sopa de azeite;
1 cebola grande picada em cubinhos;
½ xícara de molho de tomate;
200ml do caldo em que cozinhou o frango;
1 colher de sopa cheia de farinha de trigo;
1kg frango desfiado;
200g queijo catupiry cremoso;
1 cenoura cortada em cubinhos;
100g de queijo ralado;
salsinha e cebolinha;
sal e pimenta do reino.

EMPADÃO DE FRANGO COM CATUPIRY

Modo de fazer

Leve o frango, cenoura, cebola, tomate, sal e alguns grãos de pimenta para a panela de pressão, complete o nível com água quente e deixe por cerca de 20 minutos depois que pegar a pressão.
Desligue, peneire, se tiver osso, retire e volte apenas o peito de frango para a panela vazia. Feche e dê umas chacoalhadas para que o frango desfie sozinho. É bem mais prático. Deixe os pedaços não tão pequenos para poderem ser saboreados melhor e terem maior presença no recheio. Cozinhando assim ele ficará bem mais saboroso e suculento.
Reserve o frango e na mesma panela aqueça o azeite, adicione a cebola picadinha; espere murchar, junte o molho de tomate e em seguida volte o frango já desfiado. Acrescente a farinha de trigo e mexa sem parar até obter uma consistência cremosa. Misture o caldo do cozimento do frango mexendo lentamente até obter a consistência de recheio desejada.
Desligue o fogo, experimente o sal e a pimenta e os adicione, se necessário, ajustando ao seu paladar. Misture, se desejar, a cenoura cozida picadinha no caldo. Acrescente bastante salsinha e cebolinha picadinha fina e o queijo ralado.

Montagem:

Use 2/3 da massa para forrar a assadeira nos fundos e nas laterais. Com um rolo, abra a massa em uma folha de papel manteiga e transfira para a forma garantindo que preencha bem todo o fundo e laterais da forma, de modo que fiquem acima da altura do recheio. Ajuste a massa com a ponta dos dedos.
Coloque o recheio por cima da massa crua, em seguida despeje por cima do recheio o queijo tipo catupiry cremoso e alise com uma colher. Estique o restante da massa para cobrir o recheio. Recorte as sobras e use essa massa que sobra para cortar algumas tirinhas e enfeitar por cima, trançando-as a seu gosto. Com a ponta dos dedos, dê uma viradinha nas laterais pegando a parte de baixo da massa e sobrepondo a de cima, para que fique tudo bem vedado.
Pincele com a gema e leve para assar em forno pré-aquecido a 200°C por aproximadamente 45 minutos ou até que fique com aspecto de assada e bem dourada.

Dicas importantes

Comece a preparar seu empadão pelo recheio, pois assim ele vai esfriar em geladeira enquanto você prepara a massa.
Use tudo gelado. Tanto a manteiga da massa, quanto a água e o recheio deverão estar gelados.
Esse tipo de massa não deve ser sovada. Pelo contrário, quanto menos manipular, melhor.
Não é preciso untar a forma.
Acrescente ao recheio, se gostar, milho verde, azeitonas, ovos cozidos ou palmito picado que incrementarão seu empadão mais ainda!
Não asse mais que o necessário, pois sua massa poderá ficar dura.

PÃO DE QUEIJO DO BENJAMIM ABRAHÃO

Ingredientes

1kg de queijo meia cura ralado no ralo grosso;
1kg de polvilho doce;
200g de polvilho azedo;
100g de manteiga;
4 ovos;
sal a gosto;
½ litro de leite gelado.

Modo de fazer

Despeje o queijo, os ovos e a manteiga em uma bacia e misture com as mãos até que se incorporem bem. Acrescente o leite ainda misturando.
Misture os polvilhos separadamente e vá adicionando a mistura de queijo aos poucos enquanto vai incorporando tudo com as mãos.
Experimente o sal e acrescente, se necessário, pois dependendo do queijo a quantidade poderá variar.
A consistência desejada é conseguir soltar das mãos e permitir fazer as bolinhas não tão secas, ou que, ao se utilizar um boleador de sorvete para moldagem, a massa caia sem muita dificuldade.
Se precisar coloque um pouco mais de leite.
Leve para assar em forno pré-aquecido a 220ºC.

Dicas

Procure por polvilhos vendidos a granel, normalmente comercializados em mercados municipais.
Para assar, utilize formas novas ou com fundo de tefal. As formas de alumínio, depois de muito usadas, deixam os pães grudarem. A forma em que se assa pão de queijo não deve ser usada para mais nada e jamais areada com palha de aço!
Dessa forma, os pães ficarão soltinhos após serem assados no forno.
Se desejar congelar, é só dispor as bolinhas em uma assadeira e depois de congeladas colocar em um saco plástico e guardar em freezer por até 120 dias.
Quando desejar assar, leve direto ao forno sem descongelar antes.

QUINDÃO

Ingredientes

10 gemas;
2 ovos inteiros;
1 coco fresco ralado (aproximadamente 150g);
300g açúcar;
1 colher de sopa bem cheia de manteiga derretida (40g);
manteiga e açúcar para polvilhar a forma.

Modo de fazer

Misture tudo no liquidificador em velocidade baixa e por pouco tempo.
Bata o suficiente para os ingredientes ficarem todos bem incorporados.
Unte a forma generosamente com manteiga e açúcar. Polvilhe com mais uma colher de sopa de açúcar.
Despeje a massa e deixe descansar por 30 minutos.
Coloque o quindão dentro de uma forma grande. Cubra com papel alumínio (parte brilhante sempre para dentro) fechando bem as laterais. Despeje água fervendo em volta, pois irá assar em banho-maria. Coloque bastante água para não secar no forno.
Leve para assar em forno pré-aquecido a 180ºC por cerca de 90 minutos.
Esse tempo poderá variar muito para cada tipo de forno. Nos elétricos costuma diminuir bem.
A superfície do quindão deverá estar dourada e sequinha.

Dicas

Peneire os ovos para eliminar a película que pode dar ao quindão o cheiro de ovo.
Para desenformar, espere uns 30 minutos depois de assado, passe uma faca fina delicadamente pelas bordas e desenforme morno.
Deixe gelar em geladeira por 3 horas antes de servir.
Enfeite com fios de ovos para dar ao quindão um ar de festa.
Se precisar transportar para servir em um outro local no dia seguinte, mantenha em geladeira na forma mesmo, e na hora de desenformar mergulhe rapidamente o fundo da forma em água fervente por 1 minuto.
Poderá ser congelado por até 1 mês em congelador.
Use as claras que sobram para fazer um delicioso Pudim de Claras e sirva com uma calda de baunilha.
Para o pudim, use a proporção de 2 colheres de sopa cheia de açúcar para cada clara e uma pitada de sal e leve a assar em banho-maria no forno, em forma caramelizada.
As claras podem ser congeladas também por até 30 dias.

TORTA DE LIMÃO SUPER FÁCIL

Ingredientes para a massa

2 xícaras de farinha de trigo;
2 colheres de sopa rasa de açúcar;
1 ovo;
3 colheres sopa de manteiga gelada;
1 colher de sopa de água gelada;
1 colher de chá de fermento em pó;
raspas de limão.

Ingredientes para o recheio

2 latas de leite condensado;
½ lata (a de leite condensado) de suco de limão espremido e peneirado na hora.

Ingredientes para a cobertura

3 claras de ovo;
mesma medida de açúcar
raspas de limão.

Modo de fazer

Misture a farinha e o açúcar com a manteiga gelada usando a ponta dos dedos até formar uma farofa. Acrescente os demais ingredientes apenas misturando com as mãos até formar uma bola macia. Envolva em filme plástico e deixe descansar em geladeira por 30 minutos.
Em uma superfície polvilhada com farinha trigo, abra metade da massa e forre apenas o fundo de uma forma de fundo removível de aproximadamente 24 cm de diâmetro. Com o restante, faça cobrinhas e vá esticando e cobrindo as laterais unindo bem com a massa que forra o fundo. Fure bem com um garfo o fundo e leve a assar em forno pré-aquecido a 200°C por cerca de 20 minutos. Enquanto esfria a massa, bata bem no liquidificador o leite condensado com o limão, e despeje sobre a massa assada. Leve à geladeira por pelo menos 30 minutos para firmar o recheio.

Faça o merengue: meça o volume das claras em um recipiente milimetrado e utilize a mesma medida para o açúcar. Pode variar porque depende do tamanho dos ovos.
Em uma panela pequena, misture as claras com o açúcar e leve ao fogo baixo mexendo vigorosamente sem parar por cerca de 3 minutos, tirando a panela do fogo por alguns instantes a cada minuto, continuando a mexer para não cozinhar. Se não tiver prática com esse processo, utilize-se de um banho maria e mexa até sentir que o açúcar está bem dissolvido e a mistura aquecida. Retire do fogo e em uma batedeira bata na velocidade máxima por cerca de 5 minutos até que dobre de volume e esfrie bem. Cubra a torta com o merengue e retorne, se desejar, a torta ao forno por 5 minutos na grade alta para dourar ou se desejar use um maçarico. Sirva gelada. Se for consumir sem dourar, fica bem gostosa também. Nesse caso enfeite o merengue com raspas de limão.

MASSA DE PIZZA DO BENJAMIM

Ingredientes

1kg de farinha de trigo;
50g de fermento em tabletes;
1 copo de leite;
1 copo de água morna;
½ colher de sopa de sal;
100g de manteiga, margarina, óleo ou banha;
2 ovos.

Modo de fazer

Faça a esponjinha com 100 gramas de farinha de trigo misturada no fermento dissolvido na água morna. Deixe descansar por 15 minutos. Despeje o restante da farinha (guarde um pouco para trabalhar a massa depois) em uma superfície plana, abra um buraco no meio, adicione os demais ingredientes e a esponjinha e vá incorporando tudo com movimentos lentos, trazendo a farinha aos poucos para o centro líquido até que tudo se misture bem. Deixe a bola de massa descansar por mais 30 minutos coberta com filme plástico. Enquanto isso, já vá pré-aquecendo bem o forno na temperatura máxima e preparando o molho. Divida a massa nos tamanhos desejados, estique e esparrame o molho por cima e leve a assar por aproximadamente 10 minutos.

MOLHO CRU PARA BASE DE PIZZA

Ingredientes

500g de tomates maduros;
100g queijo parmesão ralado;
1 colher de sopa de orégano;
2 colheres de sopa de óleo;
sal a gosto.

Modo de fazer

Bata tudo no liquidificador.

Dicas

Esse molho poderá ser mantido em geladeira por 48 horas, mas o mais prático é já guardar os discos pré-assados. Se quiser aquele aspecto de massa assada em forno a lenha, retire as grades do forno e o pré-aqueça em temperatura máxima. Jogue os discos de massa no fundo do forno, na parte preta, um a um, por alguns minutos, que rapidamente estarão com aqueles queimadinhos e bolhas típicos do forno a lenha. Nesse caso, é mais fácil assar discos em tamanhos médios ou individuais.
Depois é só rechear a gosto e levar a assar em forma de alumínio normal.
Se desejar preparar calzones ou a pizza frita que também é deliciosa, "cole" as bordas com ovo batido e aperte com um garfo para selar bem. Para fritar, coloque 1 colher de chá cheia de álcool no óleo e **não pincele a massa!**

TORTA DE MORANGOS

Ingredientes para a massa

2 xícaras de farinha de trigo;
100g de manteiga;
1 ovo inteiro + 1 gema;
½ xícara de chá de açúcar;
½ colher de chá de fermento em pó.

Modo de fazer a massa

Misture bem com a ponta dos dedos 1 e 3/4 de xícara de farinha (reserve o restante para a moldagem), o açúcar e o fermento. Acrescente a manteiga gelada formando uma farofa. Acrescente os ovos e misture com as mãos até formar uma bola de massa lisa e macia.
Cubra com filme e deixe descansar por 30 minutos em geladeira. Escolha uma forma de fundo removível.
Separe metade da massa e, com pequenos pedaços, vá moldando toda a lateral da forma. Use os 4 dedos abertos para nivelar toda a lateral e tente deixar a "junção" do fundo com a lateral bem prensada de massa. Cuidado para não deixar esse local com a massa muito grossa e afine igual ao resto. Sempre que necessário passe os dedos na farinha e vá ajeitando a massa. Com o dorso da mão vá apertando e nivelando toda a massa na forma para igualar a espessura e deixá-la uniforme.
Com uma colher bem pequena de café, dê o acabamento na lateral da massa pressionando com a colher de ponta-cabeça até que toda a borda da massa fique em formato de uma coroa.
Fure bem com um garfo toda a massa no fundo da torta. Leve à geladeira enquanto pré-aqueça o forno a 180°C. Leve para assar por cerca de 15 minutos, ou até que a massa fique bem dourada e crocante.
Desenforme retirando a lateral e o fundo e coloque em um prato para continuar a montagem da torta.
Se pretender transportá-la para outro local, monte na forma e apenas tire o aro removível da lateral e sirva com o fundo da torta, pois vai ficar difícil removê-lo depois da torta pronta.

TORTA DE MORANGOS

Ingredientes para o creme

600ml de leite;
3 gemas;
1 xícara rasa de açúcar;
3 colheres de sopa cheia de amido de milho;
3 colheres de sopa cheias de manteiga gelada;
1 colher de café de baunilha.

Modo de fazer o creme

Em uma panela de fundo grosso, misture bem o amido no leite frio, acrescente as gemas peneiradas mergulhando a peneira um pouco no leite e o açúcar.
Mexa em fogo médio até começar a engrossar e em seguida mexa vigorosamente para o creme não empelotar.
Desligue o fogo e misture a manteiga bem gelada, misturando bem para incorporar.
Isso fará com que o creme fique liso, não criando aquela película e gosto de mingau.
Misture a baunilha e despeje por cima da massa já assada e espere esfriar bem.

Ingredientes para a cobertura

2 caixinhas de morangos frescos;
2 caixas de gelatina de morango;
100ml de água fervendo;
100ml de água gelada;
1 colher de chá de araruta.

Modo de fazer a cobertura

Lave bem os morangos sem retirar os cabinhos, pois ao retirar antes de lavar, a fruta absorve água por esse buraquinho, o que não desejamos.
Disponha em uma superfície um pano limpo ou folhas de papel toalha.
Vá cortando os cabinhos e folhas e dividindo ao meio, colocando todos lado a lado para secarem bem.
Coloque os morangos um a um preenchendo toda a superfície da torta.
Corte em pedaços menores e tiras para preencher todos os vãos que existirem entre os morangos, de forma que ao olhar você não veja nada do creme.
Em seguida, dissolva toda a gelatina na água fervente.
Separadamente, dissolva a araruta na água gelada e junte à mistura quente, mexendo bem.
Despeje delicadamente sobre os morangos com o auxilio de uma colher e leve à geladeira por algumas horas para a gelatina endurecer bem.

Capítulo VI

Capítulo VI

E surgiu a Torta Holandesa

Apesar de pequeno, nosso café ficou extremamente charmoso. Vovó costurou forros para os cestinhos de pães com tecido xadrez verde e branco, bem como jogos americanos do mesmo tecido. Com a ajuda da mamãe, nós mesmos fizemos uma bela faxina no espaço abandonado e com uma bela pintura deixamos tudo novinho. Ela estava muito feliz por nós darmos mais esse passo e não se importava de colocar a mão nessa massa, a da faxina!

O espaço era pequeno: tinha em torno de 6 metros quadrados. Não tinha cozinha. Mas era muito bem localizado.

Adquirimos um balcão refrigerado de segunda mão que separava o ambiente interno do público, um forno elétrico, um freezer e conseguimos encontrar uma máquina de café italiana de um bico só, também usada, e que fazia um bom café expresso.

À frente do espaço que dava para a rua havia uma parede de vidro com uma pequena porta que mantínhamos fechada, com ar-condicionado. Tínhamos espaço apenas para uma mesa com duas cadeiras próximas ao vidro e no balcão 3 bancos altos.

E assim abrimos as portas com nossa família reunida, celebrando um dia especial. Recentemente, quando meu pai faleceu no Rio de Janeiro, encontrei uma foto de todos nós na porta do café Bruges, nesse dia inaugural, e no verso escrevi: "Só faltou você. Queria que estivesse conosco nesse dia tão feliz!" Na foto, Marcos, minha irmã, meu cunhado, duas sobrinhas, uma ainda no colo, meu irmão, minha mãe e minha avó.

Na mesma quadra do café ficava o Instituto Químico de Campinas (IQC), um laboratório que viria a ser a futura farmacêutica Medley, da tradicional família Negrão. Nas redondezas tínhamos grandes prédios comerciais, como o do Citibank, Banco de Boston, Caixa Econômica, Tribunal Regional Eleitoral e tantos outros. Nossos clientes eram pessoas que trabalhavam no entorno e que rapidamente foram conhecendo nossas delícias.

Minha rotina era de produzir à noite, em casa, tudo que seria necessário levar para o café no dia seguinte. Inicialmente, a ideia era ter variados tipos de pães, frios e saladas e os clientes poderiam montar seus próprios lanches, que seriam servidos quentes ou frios. Lembrava um pouco o conceito do Subway, que ainda nem existia no Brasil. Mas era mais refinado, porque oferecíamos pães diferenciados com ingredientes bem-preparados por mim mesma. Sempre pensava que teria que ser algo que agradasse aos mais exigentes paladares. Tínhamos pão sírio, baguete, integral e de hambúrguer; queijos mussarela, prato e catupiry; presunto, salame, frango desfiado e peito de peru; pasta de azeitonas, molho tártaro, mostarda ou molho rosé; saladas de alface, rúcula, cenoura ralada e tomate. Era mais ou menos isso.

Além dos lanches, tínhamos tortinhas individuais de frango ou berinjela. Eram receitas familiares que aprendi com minha avó e que resolvi fazer em porções individuais, usando pequenas bacias de alumínio que encontrei em uma feira livre. Elas equivaliam muito bem a uma boa pequena refeição. Congeladas individualmente, levavam cerca de 15 a 20 minutos no forno para poderem ser servidas. E a apresentação exclusiva, gordinha e com o trançado de tirinhas, remetia visualmente a uma tortinha de avó! Algumas pessoas já telefonavam de manhã ou na véspera para fazer encomenda para a hora do almoço. Assim eu já ia providenciando os pedidos. Comprei também em uma cerâmica antiga de Valinhos umas travessinhas de barro. Nelas, eu fazia o mesmo, deixava porções de lasanha, nhoque ou meu talharim parisiense congelados. Tais receitas já eram sucesso desde o início dos congelados. Aos poucos fui introduzindo novidades.

Outro grande sucesso foi o lançamento da "Delícia Bruges". Era uma cumbuca bem generosa de frutas picadas grandes. Maçã, banana, mamão, eventualmente pera, com yogurt natural feito em casa, que ficava bem encorpado, e granola caseira. Essa ideia foi inspirada em uma memória do Marcos de algum lugar da Tailândia. Não existia ainda para vender uma granola de qualidade sem açúcar. E mesmo as disponíveis nas poucas lojas de produtos naturais existentes na época não eram fartas como a minha e muito caras.

Essa produção eu deixava para os finais de semana, pois ela ficava cerca de 2 horas no forno. De tanto que os pedidos aumentavam a cada dia, começamos a vendê-la separadamente, em vidros de 500 gramas.

Outra delícia que fazia bastante sucesso eram as minipizzas. Eu preparava exatamente aquela massa que aprendi com o Benjamin Abrahão. Elas eram generosamente recheadas nos sabores tradicionais de atum, calabresa, marguerita e portuguesa.

Eram embaladas em filme plástico e congeladas também. Como já dito anteriormente, o segredinho que aprendi no curso, além da receita da massa deliciosa, era como pré-assar os discos de modo que ficassem com as características das pizzas assadas em forno a lenha. Era só retirar todas as grades do forno, deixá-lo bem quente e, com a porta aberta, sentar em um banquinho e ir jogando cada disco naquele fundo preto do forno. A massa dava aquela tostada e ficava deliciosamente assada com sabor que remetia ao queimadinho "da lenha".

Eu reabastecia o freezer diariamente e procurava mantê-lo bem cheio. Um dos campeões de vendas eram os pães de queijo, que seguiam naquela minha tradição de assá-los bem grandinhos e terem a opção de virar um minisanduíche. Mantive a receita original: 1 quilo de queijo para 1 quilo de polvilho. E o aroma que impregnava o ambiente era irresistível.

Outra ideia que colocamos em prática foi prensar o pão de queijo em uma sanduicheira, com catupiry ou qualquer outro dos recheios disponíveis. Muitos anos mais tarde, a Casa do Pão de Queijo lançou o Panini. Jamais insinuaria que o Subway, que já trouxe essa ideia dos EUA, ou mesmo a Casa do Pão de Queijo, tivessem me copiado, até porque o nosso Bruges era bem pequeno, sem visibilidade alguma fora de Campinas.

O que aconteceu foi que, paralelamente ao nosso café, Marcos seguiu conquistando novos clientes de sobremesas em Campinas e região.

Eu passava o dia no café. Ele passava o dia fazendo entregas, compras e indo aos bancos. Era uma época na qual recebíamos muitos cheques que precisavam ser depositados.

Contratamos a primeira funcionária logo no início do Bruges. Pouco tempo depois já tínhamos três colaboradoras e eu trabalhando apertadas atrás do balcão. Não havia espaço para mais ninguém nas horas de movimento. Eu recebia os clientes, cuidava do caixa, atendia os pedidos via telefone, administrando as entregas, enquanto elas serviam as pessoas que vinham comer ou comprar presencialmente. Tantos eram os pedidos que nós começamos a fazer delivery e foi assim que contratamos o André. Ele era irmão da querida Silvia Helena, minha colaboradora dos tempos do Berçarte. Com uns 14 anos, André era o caçulinha de 16 filhos e começava a dar preocupação aos pais.

Ele era muito alto e alegre. Sorria, brincava com a grande caixa de isopor nas costas e corria se divertindo muito com as entregas. Logo depois, contratamos mais um entregador até termos 3 garotos para atender aos pedidos de delivery. Porém, André se destacava porque fazia o trabalho com vontade e amor.

Foi muito gratificante reencontrar o André, há alguns anos, em um shopping center. Ele me reconheceu e ficou muito feliz ao me ver e poder me apresentar sua esposa, explicando a ela a importância de ter tido essa oportunidade de trabalhar conosco justamente em seu primeiro emprego. Falou com carinho do exemplo recebido, que levou por toda a vida profissional. E que nutria profunda gratidão a todos os ensinamentos recebidos. Foi emocionante ouvi-lo. André estudou engenharia e construiu uma sólida carreira como engenheiro. Colheu os frutos. Venceu!

Imagino que André valorize o "exemplo recebido" pelo fato de termos empreendido inicialmente de maneira tão simples e com tão pouco investimento inicial, mas focados e determinados, com muita dedicação e entusiasmo, com uma cultura impregnada de amor. Amor em preparar produtos de qualidade e saborosos, amor pelo cliente e pelo bom atendimento a eles, amor pelos colaboradores e fornecedores.

O dia a dia de trabalho no Bruges era uma loucura. No horário do almoço, as pessoas corriam para chegar logo e fazer os pedidos porque, do contrário, correriam o risco de não conseguirem ser atendidas. O espaço físico limitava muito o nosso crescimento. Era aquele monte de gente amontoada na calçada, tentando entrar. O telefone com os pedidos não parava de tocar e os meninos tinham dificuldade em conseguir retirá-los no balcão e correr com as entregas.

Comecei a constatar também que muitas pessoas compravam unidades congeladas de nossas tortinhas e pizzas, além da granola, para serem consumidas em casa.

Muitas mães, cansadas após trabalharem o dia todo, já levavam para casa alguns dos nossos produtos para que não precisassem cozinhar para a família.

Servíamos nossas delícias em reuniões de negócios, festinhas nos escritórios e em eventos escolares. Nossos produtos também poderiam ser colocados nas lancheiras com total segurança. Tanto nossos pãezinhos de queijo quanto os pasteizinhos assados eram ótimos para isso.

Foi aí que, nem sei explicar como, me surgiu a ideia de um cachorro-quente bem diferente.

Era uma minibaguete, da qual eu apenas cortava a tampinha em cima e cavoucava retirando todo o miolo do pão. À parte, eu fazia uma mistura de rodelinhas de salsicha cozidas, muitos cubinhos de queijo prato, maionese, ketchup e molho inglês. Esse era o recheio que era despejado dentro do pão por cima; este era tampado novamente, embrulhado em papel alumínio e levado ao freezer. Do freezer ia direto para o forno, que estava sempre quente a 220°C, e servido assim. Você "descascava" lentamente o alumínio e, ao morder o pão tostadinho, encontrava aquele queijo todo derretido envolvendo a salsicha. Eram cerca de 50 que vendíamos por dia. Todos os dias.

Outro produto de sucesso era o "Bolo salgado". Não era invenção minha, e sim uma moda da época, mas, com meu capricho e criatividade, vendíamos muitas fatias e aconteciam também muitas encomendas dele. A padaria vendia o pão de forma branquinho sem casca cortado ao contrário, na horizontal, e eu acrescentava camadas de espinafre, cenoura, beterraba, frango ou atum que iam se alternando e deixando o bolo salgado bem colorido. Para o acabamento, ao invés de maionese, que considerava enjoativa e arriscada pela fácil contaminação, preparava um creme tipo requeijão, adicionava muçarela ralada e batata palha direto no prato para o cliente saborear o contraste do molhadinho com o crocante.

As pessoas queriam levar para casa essas novidades para compartilharem com suas famílias. Era também uma oportunidade de levar a praticidade para os finais de semana, sendo assim, naturalmente, eu aumentava o ticket médio, coisa que na teoria eu só aprendi bem mais tarde. Era tudo muito intuitivo, natural e lógico na minha concepção.

Minha mente não sossegava e ficava o tempo todo imaginando possibilidades novas de combinações e receitas.

Tenho uma recordação muito viva desse tempo do Café Bruges e de meu pai, que vinha todos os meses do Rio de Janeiro a São Paulo, exatamente todo dia 10, para uma reunião mensal na empresa que representava. Ele passava o dia trabalhando e depois vinha à noitinha dormir em Campinas para estarmos juntos. Ele nos levava para jantar e conversávamos bastante.

De um mês para o outro, já tínhamos sempre muitas novidades. Ele queria ouvir todas elas. Nutria grande orgulho e interesse por nossa trajetória.

Em uma dessas vezes, ele chegou mais cedo e passou direto no café, pois estava ansioso para ver in loco como progredia nosso negócio.

O nascimento da Torta Holandesa

Lembro-me de contar empolgada a ele da nova torta que estava fazendo muito sucesso e que, a cada dia, eu produzia uma unidade a mais. Em menos de um mês, ela foi inventada e já vendíamos mais de 10 por dia!

Era a Torta Holandesa. Ele resolveu provar e deu sua opinião sincera: "Achei uma delícia, mas ela merece uns biscoitinhos mais bonitos em volta". Para ele, os biscoitos nas laterais não eram tão bonitos, principalmente porque absorviam a umidade da vitrine e caiam como orelhinhas. Isso porque inicialmente usei os biscoitos maria.

Mas, agora, quero contar para você como eu criei a receita. Sempre senti a necessidade de criar. Não gosto de mesmices, de ficar fazendo a mesma coisa por muito tempo. Seja na formulação da receita, seja na sua apresentação. E foi com esse meu jeito de gostar de inovar e surpreender sempre, que, pesquisando algo novo para começar a semana no nosso então café Bruges, me deparei com a receita de um pavê bem básico. Eu havia experimentado e copiado essa receita na casa da Marilda, uma boleira de mão cheia que era vizinha da minha amiga Rosélia, que nos apresentou.

Era uma receita tão simples e fácil que resolvi fazer. Achei intrigante eu não ter conhecido antes. Mas logo de cara pensei que não ficaria visualmente apresentável um pirex de vidro na nossa charmosa vitrine.

Assim, já parti para a forma de aro removível que usava para as outras tortas. Coloquei biscoitos maria no fundo para fazer a base, em vez das bolachas de maisena, que se ajustavam certinho nos pirex, e levei ao freezer para dar a firmeza que precisava. Depois de gelado, adicionava biscoitos maria em volta também. Em seguida, precisava de uma cobertura que não fosse ganache. A Torta Mousse de Chocolate que já fornecíamos era coberta com uma ganache e queria que fossem diferentes. Foi quando pensei: "uma calda de chocolate, talvez"? Mais encorpada para não escorrer, imaginei. Enfim, levei a primeira "Torta Gelada" que foi como a chamei no início para nosso café. Descongelei para o horário de maior pico e vendi mais da metade. Recebemos muitos elogios. Contudo, os pedaços que restaram amoleceram e se desestruturaram na vitrine.

Parti, então, para o segundo dia de testes: gelar mais o creme, tirar melhor o soro, bater mais o creme? Ou bater menos? E assim segui em uma sequência diária de tentativas e erros até a receita ficar no ponto ideal.

Depois de algumas poucas semanas, a cada dia a produção aumentava rapidamente e as demais sobremesas, tais como o Quindão, Brigadeirão, Tortas de Frutas diversas e de chocolate que servíamos começaram a literalmente encalhar. Novos clientes vinham de lugares mais distantes à procura da tal torta gelada.

Voltando à visita de meu pai, me recordo de comentar com ele que, em tão pouco tempo, eu já vendia uma torta Gelada inteira ainda na parte da manhã, enquanto todas as outras permaneciam apenas com alguns pedaços vendidos.

Fiquei na cabeça com o feedback que ele me deu sobre os biscoitos. Achei totalmente pertinente sua sugestão. Naquela época, era comum comprarmos biscoitos em feiras livres a granel. No sábado seguinte à sua visita, fui à tradicional feira do Cambuí, em Campinas, de manhã com a missão de encontrar uma solução. Foi quando comprei alguns possíveis tipos de biscoitos para avaliação. Encontrei um, recém-lançado e fabricado pela antiga marca Tostines, em grandes caixas para revenda por quilo, que só existia nessa apresentação. Ele era desconhecido, até então, pela maioria das pessoas. O tal biscoito encaixou-se muito bem na proposta da torta, mantendo-se perfeitamente gostoso e crocante mesmo depois de refrigerado.

Anos depois, quando a Nestlé comprou a Tostines, em poucos meses parou de fabricar essas embalagens a granel, diminuiu o tamanho do biscoito e lançou os pacotinhos com o nome de Calipso.

Ela percebeu o potencial do biscoito devido à fama que a nossa torta gelada ganhava dia a dia.

Foi tudo muito rápido e a venda da nossa torta em poucos meses crescia mais e mais. Marcos a incluiu nas entregas aos restaurantes da cidade também.

Percebi definitivamente o que estava acontecendo quando um carrão preto parou na porta do Café no meio da tarde, um motorista desceu perguntando se era ali que existia uma tal torta muito especial, e disse ter vindo de São Paulo buscar algumas para um jantar que aconteceria naquela noite, cujo anfitrião fazia questão de servi-la aos seus convidados. Claro que descobri ser um político campineiro bem conhecido, na época governador de São Paulo. Levou todas que tínhamos disponíveis no momento. Muitas pessoas alegavam ficar "viciadas" depois do primeiro pedaço e voltavam diariamente para comerem mais. Era comum quererem levar pedaços para que familiares, amigos e conhecidos pudessem experimentar.

A torta começou também a substituir os tradicionais bolos nas celebrações de aniversários nos escritórios e empresas da região.

Com exceção do horário do almoço, que era bem tumultuado, nos demais horários do dia eu recebia os clientes com mais calma e atenção. Conheci e mantive alguns amigos nessa época. Eram pessoas que iam muito além de consumir nossas delícias. Iam também para conversar e desabafar. Eu sempre demonstrei muito interesse em ouvir as pessoas, sempre estive aberta a escutar elas falarem de suas dificuldades e problemas. Ouvia com atenção, orientava quando podia e as vendas aconteciam espontaneamente. Vendia muito.

Por não comprarmos produtos prontos para vender, conseguíamos oferecer preços muito justos. Além dos pães, nosso único fornecedor era o distribuidor de refrigerantes e água. Eu fabricava literalmente tudo o que comercializávamos.

Quem estudava os custos e elaborava os preços era o Marcos. Eu ia fazendo o networking com os clientes, palavra que na época também não era conhecida nem usada. Sempre gostei muito de me relacionar com as pessoas, conhecer suas histórias e conversar. Assim, naturalmente, eu apresentava as pessoas umas às outras e o Bruges virou um delicioso ponto de encontro. Meu marketing era intuitivo, mas funcionava.

Eu ficava atenta e providenciava para que as pessoas tivessem a melhor impressão possível dos nossos produtos e atendimento desde a primeira visita. Eu já refletia sobre a importância da "experiência do cliente", um tópico tão em alta hoje em dia. Queria que se sentissem à vontade para expressar seus desejos, que sempre que possível eram atendidos. Eu os surpreendia aceitando sugestões e ideias. Sabe aquele desejo de algo? Nossos clientes, quase em sua totalidade, não eram da cidade. Campinas sempre recebeu um grande número de estudantes universitários que, tal como eu, se apaixonaram pela cidade e seguiram construindo suas vidas longe de suas origens. Todo mundo carrega memórias afetivo-gastronômicas que não podem ser avaliadas. São suas. Para você, ela é especial e única, pois o/a remete a um lugar quase sempre recheado de amor. E eu dava aos meus clientes essa abertura para ouvir suas histórias, lamentos e desejos. Várias vezes recebi e executei receitas de família, e seguia mantendo um ambiente conhecido pelos franceses como bistrô, cuja principal característica é ter seu fogão pilotado pelo próprio dono. Um bistrô de verdade não tem cardápio fixo. O chef se sente livre para executar o que sabe de melhor, através do prazer, da sazonalidade dos ingredientes e da demanda formada pelo seu maior ativo, o cliente.

O bistrô tem também aquela característica de ser uma extensão da sua casa ou trabalho. É aquele lugar em que você sente que "precisa" dar uma passada regular, ou mesmo permanece por horas lendo ou escrevendo. E que, quando está mais vinculado à rotina de trabalho, você percebe que sente saudade nos finais de semana.

Muito mais tarde, quando estudei na FGV, descobri minha enorme curiosidade na matéria "Comportamento e Psicologia do Consumo", colocando em prática naturalmente até os dias de hoje no meu comércio de chocolate.

O café funcionava das 7 às 19 horas, de segunda a sexta, e aos sábados pela manhã até o meio-dia. Durante um ano, levei essa vida de muito trabalho, já que à noite ia até tarde preparando mais "tortas geladas", repondo os estoques do freezer e, muitas vezes, indo dormir mais de meia-noite, mas feliz.

Depois de um ano com o Café Bruges, tendo essa rotina exaustiva de trabalho, começamos a entender que dificilmente poderíamos crescer em um espaço de vendas tão limitado. Eu precisava contratar mais funcionários, pois estávamos no limite. Mas não havia espaço para mais ninguém atrás daquele balcão. Minha carga horária diária também não era algo sustentável para se manter por muito mais tempo.

Eu desejava muito ter um espaço de fabricação exclusivo, longe de casa. Comecei a ter um desconforto constante na vida tão sem limites entre o profissional e o pessoal, já que Danilo, meu primeiro filho, estava a caminho e a ansiedade por uma vida familiar bem estruturada era latente.

Nessa época, meu irmão morava em São Paulo e, para a tristeza dos meus pais, estava mais uma vez desempregado.

Comentamos com meu pai que estávamos pensando em vender o Café. Com o dinheiro, poderíamos criar um espaço exclusivo para a fabricação das tortas e outras sobremesas. A ideia era ampliar a distribuição no atacado de nossos doces e, na sequência, nos mudarmos para um apartamento onde poderíamos nos organizar melhor como família.

Prontamente, ele nos propôs comprar o café, para que meu irmão pudesse se mudar para Campinas e o administrar. E assim foi. Me comprometi a continuar fornecendo para meu irmão tudo que até então já era vendido no café. Ele recebeu tudo organizado, com clientes fiéis e produtos vencedores.

Um ano depois, o Café Bruges faliu. Foi uma grande lição de vida que recebi: entendi que não devemos jamais "desejar pelo outro". A motivação é pessoal e precisa nascer dentro de cada pessoa que empreende.

Tempos depois, quando expandíamos com as tortas por todo Brasil, dezenas de pessoas quiseram adquirir uma distribuição de nossa empresa para filhos ou esposas e eu imediatamente desaconselhava compartilhando nossa história.

E foi assim que nos mudamos para um apartamento na avenida Moraes Sales e adaptamos uma casa no largo São Benedito, no centro de Campinas, para instalar nossa primeira fábrica de sobremesas. Mas antes de falar de nossa primeira fábrica, no próximo capítulo vou trazer a receita da Torta Holandesa: vou ensinar passo a passo tudo o que você precisa saber para preparar bem a sua.

Capítulo VII

Capítulo VII

Torta Holandesa, modo de preparo

Se pararmos para refletir, quantos preparos no mundo da culinária que são tão simples, mas que para ficarem perfeitos exigem uma técnica que nem todos conhecem?

O fato de algo ser simples não quer dizer que não exija cuidados e atenção.

Um arroz perfeito, um ovo frito bem-feito... um feijão com caldo engrossado. Por que nem todos conseguem esse feito? Quem nunca ouviu a expressão "arroz unidos venceremos", ou ouviu falar do ovo que forma casquinha ou da gema que quebra; e quem nunca se perguntou por que o seu caldo fica ralo e o da sua avó é inigualável, grosso e suculento?

É o que chamamos de trivial, que normalmente só são bem-feitos por quem cozinha todos os dias. Por quem já repetiu muitas vezes e errou várias até desenvolver suas técnicas e aprender "o que não se deve fazer" para obter o resultado ideal.

Assim é a Torta Holandesa. Para fazer uma perfeita, você com certeza vai errar muitas vezes. E está tudo bem errar! Na cozinha, só evolui e domina bem o preparo de diversas delícias quem já fez bastante e errou um bom número de vezes. São os erros que nos levam à maestria.

De tão simples que é, imagino que muitos "chefs patissiers" experientes desistiram de preparar a Torta Holandesa para não se renderem ao simples fato de não conseguirem realizar uma saborosa, estruturada, perfeita!

A formação de um profissional de gastronomia especializado em confeitaria e sobremesas ou mesmo panificação nem sempre passa pelas escolas ou faculdades. Muitos grandes profissionais cresceram fora desse ambiente, aprendendo com seus pais ou mesmo com mentores informais.

A Torta Holandesa original, como a que vamos explicar neste capítulo, originalmente criada por mim, nunca foi publicada. Ela também não faz parte de nenhum currículo escolar, devido a estes desconhecerem os mínimos detalhes que a fazem ser tão especial e desejada.

Alguns por orgulho, por a considerarem tão simples e não conseguirem reproduzir; outros por terem experimentado acidentalmente uma de péssima qualidade e concluíram não gostar, por não entenderem que não se trata do sabor desejado. Trata-se de uma fatalidade, por assim dizer!

Esse foi um dos meus objetivos ao desejar publicar este livro: disseminar a deliciosa receita original da verdadeira Torta Holandesa.

Não subestime cada detalhe, se deseja preparar uma Torta Holandesa e um creme holandês perfeitos.

Vamos, agora, ao seu preparo.

Os ingredientes e alguns comentários sobre eles

Considere utilizar apenas ingredientes de primeiríssima qualidade.

Os ovos

Deverão ser grandes, brancos e fresquinhos. Queremos um creme branquinho e não amarelado, portanto nem pense em usar gemas de ovos caipiras. Quando for adicioná-los, passe por uma peneira, chacoalhando apenas sem pressionar, para que não passe tudinho. Você não quer a membrana impregnada ao seu creme que é o que transfere à sobremesa aquele cheirinho indesejável de ovo.

Se for comercializar e produzir tortas para revender, considere usar gemas pasteurizadas, que darão uma importante segurança alimentar ao seu negócio, evitando possíveis contaminações.

O creme de leite

Use apenas o de lata. Escolha o de melhor qualidade, que é esterilizado e possui 20% de gordura animal em sua composição. As latas precisam ficar na geladeira por no mínimo 24 horas. Se puder, deixe refrigerando por alguns dias. Não caia na tentação de colocar no congelador ou freezer para acelerar esse processo. Não vai dar certo. Quanto mais dias as latas ficarem na geladeira, melhor.

Se você for um fã de carteirinha e passar a acertar bem essa receita original que aprenderá aqui, esteja certo de que será muito assediado e requisitado para fazer sempre. Então o/a aconselho a se garantir e ter sempre algumas latas já na geladeira.

Quando for usá-las, inverta a posição, virando-a de cabeça para baixo para que, ao abrir, você consiga retirar o soro com bastante facilidade. Reserve todo o soro que será usado na receita. Enquanto separa e prepara os demais ingredientes, mantenha as latas na geladeira.

A manteiga

A manteiga será a responsável por produzir o Creme Holandês, o "coração" da torta. Será ela quem vai dar a devida qualidade que a sobremesa merece. Jamais use qualquer tipo de gordura, seja animal ou vegetal, que não seja a pura manteiga gourmet. Essa manteiga é comercializada normalmente a granel, em empórios gastronômicos. Observe que ela é mais branquinha. Os tabletes que consumimos no dia a dia, seja qual for a marca, NÃO servem.

A manteiga é armazenada em geladeira, mas quando precisar usá-la não se esqueça de deixar em temperatura ambiente de um dia para o outro, ou seja, por volta de 12 horas "noturnas". Assim ela vai estar no ponto ideal, que é bem pastoso e vai se incorporar aos demais ingredientes sem formar grumos.

Os biscoitos

O tradicional biscoito coberto com chocolate apenas de um lado é considerado ideal, pois se mantém crocante mesmo quando congelado. Se for preparar minitortas individuais, corte ao meio 2 unidades, usando uma faca pequena de serra, e coloque as 4 metades em volta. São os biscoitos que caracterizam a Torta Holandesa visualmente, mas se você não tiver acesso a eles, improvise com qualquer outro biscoito que possua as mesmas características.

Já o outro biscoito, que chamamos de biscoito redondo de maisena aqui no Brasil, costuma variar bastante de uma marca para outra. Alguns absorvem mais ou menos o soro, por isso seja breve nesse processo de mergulhar no soro para que eventualmente não esfarele ou amoleça demais.

Sobre a forma

Se sua forma de aro removível for das antigas, feitas de lata, cuidado. Esse material costuma transferir um gosto desagradável ao creme.

Forre com papel alumínio o fundo, e ao desenformar coloque lateralmente em pé para removê-lo com cuidado. Isso requer uma habilidade maior que, caso você não tenha, aconselho a comprar uma forma nova, de tefal ou alumínio.

A cobertura de chocolate

Procure usar uma panela bem grande, para que não transborde logo no início da fervura e possa ir cozinhando e engrossando com espaço de sobra. Use achocolatado de boa qualidade para fazer o sabor original, mas fique à vontade para substituir parte da quantidade da receita para chocolate em pó ou mesmo cacau, para atingir o sabor desejado pelo seu paladar. Mas cuidado! Talvez seus convidados, quando virem seu feito, esperem pelo delicioso sabor original que contrasta perfeitamente bem ao creme não tão doce.

A cobertura, depois de pronta e fria, deverá ser levada à geladeira. Deixe para fazer a torta propriamente dita no dia seguinte quando a cobertura estiver bem grossa e gelada.

Sobre o Creme Holandês

O creme básico usado na receita da Torta Holandesa foi batizado por mim de creme holandês. Como já disse, ele é o "coração" da sobremesa. Portanto, você precisa caprichar muito na sua elaboração.

Ao longo do tempo, fui testando e observei o quanto ele fica incrível misturado com os mais diversos ingredientes.

Foi como criei tantas outras tortas, tais como a Alemã, Brasileira, Gelado Inglês, Iogurte e Italiana. Para isso, apenas adicione e mexa delicadamente o sabor adicional sem bater, apenas para incorporar o ingrediente extra.

Considere aproximadamente 200 gramas do que for colocar, como, por exemplo, nozes e passas para a torta alemã, 200 gramas de cream cheese para a brasileira, e até chocolate em pó e outras ideias que sua criatividade permitir!

Só fica proibido adicionar qualquer coisa quente ou frutas frescas que irão soltar água e irão alterar a textura do creme.

Dica: se desejar fazer uma torta mais alta, faça 1 ½ receita de creme e mantenha a cobertura e os biscoitos na mesma quantidade da receita básica.

Ingredientes para o creme

2 latas de creme de leite;
3 gemas;
200g de manteiga;
200g de açúcar peneirado.

Ingredientes para a cobertura de chocolate

300ml de leite fresco (2 xícaras de chá);
20g de açúcar (1 colher de sopa);
100g de achocolatado em pó (8 colheres de sopa);
30g de manteiga ou margarina (1 colher de sopa cheia).

Para a montagem da torta

200g (1 pacote) de biscoito de chocolate;
200g (1 pacote) de biscoitos maizena redondos;
10ml (1 colher de chá) de baunilha líquida.

A preparação da torta passo a passo

Prepare a cobertura apenas levando todos os ingredientes ao fogo alto por cerca de alguns minutos até que fique bem grossa e que ao passar a colher se consiga ver o fundo da panela. Reserve.

Separe o soro do creme, despejando em um prato fundo, e acrescente a baunilha.

Prepare a forma. Mergulhe cada biscoito nesse soro do prato e disponha no fundo da forma. Coloque em volta os biscoitos de chocolate. Colocando antes os biscoitos da lateral o acabamento ficará mais bonito.

Bata o creme: leve à batedeira a manteiga, o açúcar e as gemas. Bata em velocidade mínima por um minutinho, até que os ingredientes se incorporem bem.

Aumente a velocidade da batedeira e bata por mais um minuto, para que a mistura em agitação possa dissolver bem o açúcar. Desligue e com uma espátula verifique se ainda sente o açúcar no fundo da tigela. Se precisar, bata mais um pouco novamente. Verifique quantas vezes forem necessárias, mas cuidado, pois, se você bater demais sua manteiga, ela vai separar os sólidos da água e alterar toda a textura aveludada do creme.

Desligue a batedeira, acrescente todo o creme de leite e ligue na velocidade mínima para que o creme se incorpore totalmente. Quando perceber que está tudo bem integrado, aumente a velocidade ao máximo e dê uma batida rápida por mais ou menos 30 segundos. Desligue a batedeira. Com uma espátula, mexa o creme de baixo para cima e observe se alguma parte do creme de manteiga não ficou totalmente bem integrada ao creme de leite e, se precisar, termine de misturar bem com a espátula mesmo.

Com a ajuda de uma colher de sopa, coloque delicadamente o creme sobre os biscoitos sem derrubar os biscoitos da lateral. Depois esparrame bem todo o creme e com as costas de uma colher grande alise bem a superfície para que fique bem reta. Dê umas batidinhas na forma sobre a pia para que eventuais bolhas de ar se desfaçam. Repita o processo de mergulhar os biscoitos no soro e acomode um a um sobre o creme, encostando nos biscoitos da lateral e preenchendo toda a superfície. Leve ao freezer por 24 horas.

No dia seguinte, retire a cobertura da geladeira e aqueça em micro-ondas por 1 minuto, mexendo bem, ou mesmo aqueça no fogão convencional durante o tempo necessário para apenas aquecer um pouco, que seja o suficiente para que a cobertura fique morna e bem fluída, ou seja, para que ela fique quase líquida.

Para cobrir, use uma concha e despeje toda a cobertura sobre a torta congelada e não utilize nenhum utensílio para alisar! Vá girando rapidamente a forma com as duas mãos, para que ela escorra e cubra toda a superfície espelhando e ficando bem lisa. Se formar alguma bolha, dê umas batidinhas na forma sobre a pia que elas se desfazem. Volte ao freezer por algumas horas até que o chocolate fique totalmente congelado.

Para servir, tire do freezer, desenforme e aguarde o tempo necessário, que irá variar de acordo com a consistência desejada.

Eu, particularmente, gosto e indico que o ponto ideal é quando o creme não oferece nenhuma resistência para ser fatiado, mas ainda está bem firme para ser saboreado. Em geladeira, isso acontece em cerca de duas horas.

Se todas essas etapas e dicas forem respeitadas, a torta se manterá estável, bonita e bem estruturada, mesmo que em temperatura ambiente, pelo tempo que for necessário.

Lembre-se: a receita original é simples, possui poucos ingredientes, e dispensa qualquer tipo de emulsificante, gelatina ou mesmo gordura vegetal.

Se ela não for totalmente consumida, poderá voltar para o freezer. Nesse caso, siga o mesmo procedimento para quando for consumir novamente, mas retorne apenas uma vez por medida de segurança. Eu prefiro congelar a sobra já fatiada em um recipiente fechado. Assim evita-se o contato com gelo ou sabores de outros alimentos armazenados e ela poderá ser consumida em até 6 meses. Mas duvido que isso vá acontecer na sua casa, não é mesmo?

Se for armazenar em congelador comum de geladeira, lembre-se que a validade vai cair para 30 dias.

Se preferir consumir bem cremosa e deixar armazenar em geladeira mesmo, lembre-se que sua validade reduz para 72 horas.

Principais erros e dificuldades no preparo

Para quem está fazendo a torta pela primeira vez, as maiores dificuldades e os erros frequentes são:

1. Não conseguir separar bem o soro do creme de leite

Se restar algum soro no creme, com certeza a torta irá amolecer, se desestruturando no carrinho de sobremesas ou na sua mesa, depois de descongelada. Lembre-se que quanto mais tempo você deixar em geladeira o creme de leite, mais fácil vai ser essa operação.

2. Cozinhar muito a cobertura de chocolate passando do ponto desejado

Se isso acontecer, sua torta poderá abrir pequenas trincas e até mesmo rachar por cima, causando uma aparência feia. É comum associarmos essa aparência a de uma sobremesa velha, pois é o que acontece muitas vezes em expositores, já que a cada dia que passa a vitrine retira mais umidade do produto causando esse transtorno. Cozinhar demais é exatamente desidratar demais a parte líquida da receita.

3. Organização e preparo

Não subestime a ordem e tempos necessários para o preparo dos ingredientes. É realmente fundamental para obtermos um creme sedoso e lisinho. Se, mesmo com todas as recomendações, seu creme ficar levemente empelotado ou com alguma consistência indesejada, não desanime. Como disse, somente a prática levará à perfeição. Meu conselho é de "transformar"! Nesse momento é melhor desistir da Torta Holandesa.

Use esse creme para fazer um gelado inglês, por exemplo, que vai ficar delicioso e ninguém vai perceber o porquê da sua repentina guinada no cardápio.

Dicas para quem deseja produzir em maior quantidade para comercializar

Se pretende produzir para comercializar, mesmo que seja informalmente, procure sentir qual o tamanho mais adequado que atenda à sua clientela.

Tortinhas individuais são mais trabalhosas, mas, em compensação, proporcionalmente mais lucrativas. 120g é um bom tamanho, que corresponde ao consumo de uma fatia. Elas também são práticas por poderem ser empilhadas e descongelarem bem rapidamente quando necessário.

Uma boa opção para o caso de encomendas especiais é preparar as "minizinhas", normalmente indicadas para crianças, com aproximadamente 80g. Nesse caso, dispense o biscoito superior, e coloque metade de um biscoito de chocolate atravessado por cima, apenas para dar um charme e caracterizar bem o produto.

Um tamanho bastante indicado também seria a de cerca de 500g, que serve 4 pessoas. Nesse caso você poderá usar formas de papel descartáveis, às vezes não tão fáceis de serem encontradas, mas que são práticas para consumo rápido, pois você apenas rasga a embalagem para servir.

Já os formatos grandes, feitos em uma forma de 22cm de diâmetro, com a receita padrão que você aprendeu aqui, irá preparar uma torta de aproximadamente 1.200g com 12 biscoitos em volta e que servirão 12 fatias.

Seja criativo e ofereça tortas maiores, tendo assim maior lucratividade.

Se puder, tente adquirir batedeiras semiprofissionais cuja capacidade é de 7 litros, com tigela inox que proporciona uma higiene adequada e na qual você consegue dobrar ou triplicar a receita, dando mais velocidade na sua produção. Nesse caso, só fique bem atento ao batimento, para garantir que o açúcar peneirado fique bem incorporado ao creme.

Fabrique o creme independente da cobertura, assim você poderá manter diversas opções congeladas, só faltando cobrir quando as encomendas chegarem.

A cobertura de chocolate poderá ser congelada em sacos plásticos resistentes e próprios para alimentos. Espere esfriar bem para fazer isso.

Para descongelar, rasgue o saco, coloque em uma tigela de vidro e leve ao micro-ondas ou panela em fogão convencional com fogo baixo, mexendo várias vezes até o ponto desejado para cobrir, que é aquele já mencionado, bem fluido, quase líquido e morno.

A presença da Torta Holandesa hoje no dia a dia dos brasileiros

Nos últimos 32 anos, desde que entrei para o ramo de sobremesas, observo grandes mudanças no mercado. Como tudo que se refere à gastronomia, já vivemos várias ondas de tendências, "modinhas" e novos hábitos.

Recordo-me que era bem comum encontrarmos carrinhos de sobremesas que circulavam pelos salões. Imagino que ainda existam alguns, mas não tão frequentes quanto antigamente. Nesses carrinhos, encontravam-se as mesmas sobremesas de sempre, o clássico pudim de leite, algumas tortas

– de limão, morango e chocolate –, o famoso "bolo Marta Rocha". E, de tempos em tempos, surgia algo novo, como no meio dos anos 1990, quando apareceu o famoso Creme de papaya com cassis, criado pelo jornalista e crítico gastronômico Silvio Lancelotti, e mais algumas novidades que importamos dos EUA, como o Bolo Brownie, ou da Europa, como o petit gateau. Ambos invariavelmente servidos com sorvete de creme.

Quando surgiu a Torta Holandesa, em 1991, ela começou a reinar, e a novidade realmente agradava a todos os paladares. Um conceito totalmente inovador de sobremesa supergelada. As demais sobremesas criadas por mim na empresa que fundei, a "Holandesa & Cia", seguiam o mesmo conceito de praticidade, qualidade e sabores inovadores, pois carregavam o DNA do creme holandês com elas. Foram mais de 30 sabores.

Era muito comum já encontrarmos nas mesas pequenas plaquinhas com sugestões de sobremesas. A partir de então passamos a providenciar isso para os restaurantes que atendíamos. Era um tempo em que já fazíamos a refeição pensando na escolha da sobremesa.

Hoje, observo uma tendência a encontrarmos no mercado inúmeras opções de casas especializadas em apenas um determinado tipo de sobremesa. Temos desde as conhecidas e algumas extremamente inovadoras sorveterias, até Creperias, Browneria, Brigaderias, casa de Waffle, comércio só de muffins, só de cupcakes, só de cheesecakes. As tradicionais confeitarias clássicas são poucas e concorrem com esse mercado tão criativo e diversificado.

Dessa forma, enquanto fazemos a refeição fora de casa, já pensamos "onde" iremos comer a sobremesa, ou mesmo o cafezinho acompanhado de um chocolate, como no caso da Kopenhagen. Em grupos, discute-se a respeito e democraticamente o destino é decidido.

Hoje, observo que a Torta Holandesa ultrapassou os limites nas oportunidades de consumo, sendo aceita para qualquer ocasião, até mesmo substituindo o tradicional bolo de aniversário.

O fato que me levou realmente a registrar e me apropriar da criação da Torta Holandesa foi que as novas gerações que cresceram após sua criação não fazem a menor ideia de que sua invenção é tão recente e de que não foi importada da Holanda como o nome sugere. A maior dificuldade está realmente em encontrar uma original e saborosa no mercado.

Desejo que muitas pessoas se animem com o aprendizado de sua preparação, se empolguem em executá-la e que dessa forma possa transbordar novamente no mercado a receita original, que lhes proporcionará muito prazer e doces momentos de alegria!

Capítulo VIII

Capítulo VIII

Na abertura da fábrica a torta finalmente ganha nome

Depois de quase dois anos, meu sonho de finalmente conseguir ter vidas separadas se realizava. Queria poder arrumar e usar meus presentes de casamento e ter uma casa que não cheirasse a polvilho. Desejava ter um espaço agradável para receber e hospedar familiares e amigos.

Ainda mantínhamos alguns clientes que valorizavam nosso pão de queijo. Um dos quartos era o depósito dos queijos que comprávamos logo que eram fabricados e deixávamos curando. Era uma estratégia que financeiramente valia muito a pena.

Eu, grávida do nosso primeiro filho e empolgada em arrumar nosso apartamento pela primeira vez em mais de dois anos juntos, vivia dias de intensa felicidade. Preparávamos tudo para receber nosso bebê com a ajuda incondicional de seus futuros padrinhos, Roselia e Rodolfo, que já o amaram tanto antes mesmo de seu nascimento.

Em Campinas, a casa que alugamos para ser nossa primeira fábrica possuía uma localização privilegiada, porque estava a poucas quadras de nosso apartamento. Também conseguíamos ir caminhando para o banco e centro da cidade. Ficava no largo São Benedito, uma grande praça com poucos comércios no entorno e muitos prédios residenciais.

Contratamos nossas primeiras funcionárias para me ajudarem na produção. Foram uma após a outra, conforme os pedidos aumentavam. Trabalhávamos com as portas fechadas. Eram 3 garotas que executavam a produção e eram supervisionadas por mim.

Já vendíamos para os melhores restaurantes de Campinas e algumas lanchonetes de escolas e cafés que iam surgindo. As pessoas começaram a descobrir nosso endereço e a ir comprar diretamente na porta. O boca a boca começou a aumentar muito rapidamente. Nossa torta gelada era um produto único, diferenciado e exclusivo. Praticamente não havia esforço de vendas. O produto se vendia sozinho e era desejado por todos.

Na reforma, o que seria a sala do imóvel foi azulejada e era onde as montagens das tortas aconteciam. Cremes, biscoitos e coberturas eram previamente preparados para juntos se transformarem na torta gelada que era a sensação do momento.

Em um dos quartos os micro-ondas eram fixados e alinhados nas paredes. Outro quarto servia de despensa e um bem na frente funcionava como nosso escritório com uma grande janela dando para a praça arborizada.

Tudo muito simples e organizado de maneira amadora, sem nenhum tipo de estudo ou método, apenas com a expertise do que seria uma ótima "dona de casa" metódica e eficiente que sempre fui.

Os cremes eram batidos em batedeiras domésticas que ficavam nas nossas primeiras bancadas de inox. Uma delas, no centro da sala, acomodava essas batedeiras, que eram usadas alternadamente, porque precisavam "esfriar". Não aguentavam o uso contínuo.

Mentores e amigos

Nosso grande amigo e futuro compadre Guilherme trabalhava então na Philips, que havia comprado a Walita. E assim, com sua ajuda, podíamos adquirir diretamente da fábrica, quase todos os meses, novas batedeiras.

Conheci o casal Guilherme e Silvia logo que desembarquei de volta ao Brasil, no final de 1989. Eles eram grandes amigos desde os anos de colégio do Marcos e foram os primeiros que ele fez questão de me apresentar logo na primeira vez que saímos. A minha xará Silvia e o Gui foram nossos "mentores" porque, desde o início de nossa empresa, revelavam um prazer enorme em emitir opiniões sinceras sobre como melhorar a estratégia e a gestão dos negócios, participavam com entusiasmo e, na medida do possível, estavam próximos para nos ajudar a pensar as dificuldades que enfrentávamos.

Estavam sempre presentes um na vida do outro em todos os momentos. Guilherme já fazia sua brilhante carreira profissional no meio corporativo e Silvia, na área de comunicação, já era aquela referência equilibrada e sensata que me trazia pílulas de sabedoria e incentivo. Dedicou-se, depois de muitos anos, à carreira de coaching, o que ela já fazia muito bem e há muito tempo sem saber, e de graça. Até hoje, quando nos encontramos, ela sempre se mostra pronta a pensar e fica com aquele olhar de quem deseja realmente contribuir de alguma forma. O Guilherme nos deixou muito cedo, mas minha afinidade com o desejo que ele tinha de crescer os negócios e impressionar os clientes permaneceram comigo para sempre. Foram os padrinhos da minha menina Renata. Silvia seguiu a vida como deveria ser: criou brilhantemente os filhos Luiza e Gustavo e me presenteou com a amizade do Giko, um grande especialista em comunicação, alegre e que a faz feliz.

As memórias das pessoas que estão ao nosso lado nos momentos difíceis e cansativos se transformam em gratidão. Toda a minha trajetória foi sempre permeada com a presença das pessoas certas nas horas mais incertas.

Quando me vi convidada a refletir sobre esse caminho percorrido pela Torta Holandesa, não tem como não me lembrar das pessoas que caminharam comigo, estiveram próximas me apoiando. Impossível. Falarei de mais algumas neste capítulo.

Um pouco mais da estrutura e atividades do dia a dia de nossa fábrica

Deixando as memórias das batedeiras da Walita e partindo para a cobertura de chocolate, confesso que me divirto ao lembrar de como eram feitas, em grandes tigelas de vidro com tampas, chamadas de "Vision", uma moda da época, no micro-ondas.

Cada ciclo de 40 minutos de micro-ondas preparava o suficiente para a cobertura de quatro tortas. Quando terminava o tempo, uma próxima mistura já estava pronta para entrar. Acontece que esses micro-ondas domésticos não são construídos para uso contínuo, portanto eles iam muito para a assistência técnica ainda na garantia. Depois de 1 ano, nenhuma assistência da região aceitava mais nossos micro-ondas. Chegamos a ter uns 6 nessa casa.

O mesmo acontecia com as batedeiras. Íamos comprando à medida que ia sendo necessário e era um vai e vem de consertos sem fim. Não tínhamos marca, logotipo ou mesmo publicidade, e mesmo assim nos víamos sempre no limite máximo de capacidade produtiva.

O mesmo foi acontecendo com os freezers. O congelamento era lento. Daquele primeiro freezer que nos acompanhou desde o início, no apartamento, foram se somando o que veio do fechamento do café, e ainda nessa primeira casa mais uns 3. Eram comprados à medida que a sua capacidade de armazenamento ia se esgotando.

As formas de aro removível eram feitas de um material tipo lata. Logo percebi a necessidade de encapar o fundo com papel alumínio para evitar a possível transferência daquele gosto residual do material para o creme. Eram empilhadas no freezer com auxílio dos próprios futuros pratos de papelão, e as tortas eram desenformadas no dia posterior, e armazenadas em caixas de papelão padrão, compradas no varejo local. Nessa época, nós tínhamos um veículo só, a Parati, na qual, com os bancos abaixados, conseguíamos esparramar as caixas e entregar muitas.

Aos poucos, fomos expandindo as vendas para alguns restaurantes de Valinhos e Vinhedo, bem como Jaguariúna, Pedreira, Amparo, Serra Negra e Águas de Lindóia. Era um roteiro que começou a ser feito às quintas-feiras. No início, com apenas um carro, Marcos se responsabilizava por todas as entregas.

Íamos reinvestindo no negócio o tempo todo, e levávamos ainda uma vida espartana de poucos gastos, acreditando que esse seria o caminho possível de ser trilhado. Viver um dia de cada vez e solucionar cada novo desafio de acordo com o surgimento dele na operação.

Com o tempo, por cima das tortas eram colocados muitos papelões que faziam o apoio, possibilitando aumento de volumes no transporte com dois e até três andares. Por cima de tudo, colocávamos jornais e um grande cobertor, para que mantivéssemos a temperatura e não descongelassem no trajeto.

A criação do nome

Nessa época, já pegávamos estradas com frequência, e havia o risco de uma fiscalização, pois nosso contador nos informou que produtos alimentícios precisavam de um registro especial junto ao Ministério da Saúde. Contratamos um profissional em São Paulo, especializado em tais registros, que eram caros. E era preciso atender a todas as regras, porque se, porventura, fossem rejeitados, teríamos que pagar novamente as taxas. Foi em um dia qualquer que essa pessoa contratada para fazer o serviço me telefonou e questionou-me: "Mas afinal, qual o nome certo dessa torta?" Porque Torta Gelada não pode ser registrada. Na pressa e de imediato, tive a ideia e respondi "Torta Holandesa"! Naquele instante, me veio à mente as boas lembranças e a alegria dos meses passados com a família holandesa em Fleet e principalmente por minha gratidão eterna a Jean Peeter e seu completo apoio para me ajudar a aprender o inglês, e a liberdade total para cuidar das crianças e produzir tortas, biscoitos, geleias e chutneys naqueles meses de Inglaterra.

Estávamos em meados de 1992. A distribuição em São Paulo aumentava e a produção crescia. Compramos nossa primeira Fiorino, um furgãozinho que foi devidamente refrigerado e totalmente preparado para aguentar cerca de 12 horas de entregas, normalmente com muito trânsito, por muitos bairros com roteiros previamente criados. Era uma perua bem mais espaçosa, já que os destinos em São Paulo eram longos e demorados.

Nessa fase, com Marcos viajando todos os dias para São Paulo, eu comecei a ter que fazer com nossa Paraty o roteiro do Circuito das Águas, todas as quintas-feiras, ainda com as tortas protegidas, repletas de jornais e cobertores.

Até bolo de casamento!

Como estava grávida do Danilo, eu alimentava sonhos e desejos como qualquer mãe deseja para receber seu bebê, e assim trabalhei durante todos os dias com mais garra ainda, com muita energia e disposição, já liderando aquele pequeno negócio que sentia depender muito de mim. Por volta do oitavo mês de gestação, estava radiante vivendo aquele desejo imenso que alimentava de ser mãe.

Foi então que aquele senhor, o mesmo que me desafiou com a Torta de Morango, e que era o maitre responsável pelo restaurante Rosário, de Campinas, me ligou perguntando se eu faria um bolo de casamento. Eu então, sem perder a pose, de imediato perguntei para quantas pessoas seriam, o que ele respondeu serem 60. Seria um almoço de casamento íntimo para poucos convidados, tendo em vista que os pais dos noivos eram clientes fiéis do restaurante. Era o que hoje chamaríamos de um "mini-wedding".

Minha resposta bem espontânea foi "É claro, faço sim.... mas qual o sabor do recheio?" "Ótimo!" – ele respondeu Confio em você. Fica a seu critério". "Será que eles gostam de nozes e baba de moça?" Foi o que me veio à mente na hora, já que eu mesma adorava essa combinação de recheio. O detalhe relevante da história era que eu nunca tinha feito um bolo de casamento.

Quando comentei o fato com minha amiga Marilda, que era muito mais entendida que eu, ela me indagou: "Mas você sabe que bolo de casamento tem que ter andares, né?" Eu não contava com isso. Não importava se era para poucas pessoas. Tinha que ter três andares. Porém, era tarde demais. Já havia me comprometido em fazer. Foi um sufoco! Um desafio e tanto a ser aprendido praticamente sozinha. Fui pesquisando e perguntando. Na loja de enfeites, aluguei a madeira e os suportes dos andares. Lá mesmo, conversei com uma expert que estava em compras. Acho que minha humildade em aprender fazia com que as pessoas gostassem de me ajudar e foi assim que entreguei no Rosário um lindo bolo de casamento, que me custou muitas horas de angústia e ansiedade.

Eu ia preparando o bolo, enquanto as lágrimas escorriam o tempo todo pelo meu rosto. Afinal de contas, eu estava me arriscando justamente no dia mais especial da vida dos noivos.

Um dia em que tudo precisava ser perfeito. Comprei pérolas brancas para colocar no entorno, os noivinhos no topo, um laço de cetim branco e um glacê bem lisinho cobrindo tudo, conforme instruções dos vendedores.

Até hoje não sei bem o porquê dessa minha necessidade de me desafiar tanto! Mas consigo sentir também o alívio e o prazer em receber elogios. Adoraram o bolo. Todos eles, noivos, convidados e o exigente senhor do restaurante. Eu mesma não pude constatar o resultado, porque não tinha como provar o conjunto dos sabores e sua fusão, que só se estabelece realmente depois de algumas horas de pronto.

Por conta desse sucesso, me encorajei e alguns anos depois introduzi no nosso catálogo, apenas na época do Natal, um tradicional bolo de nozes, recheado com baba de moça e enfeitado com fios de ovos.

Eram edições limitadas e exclusivas para os restaurantes que abriam para a ceia do Natal. Nessa época já atendíamos a muitos hotéis, principalmente no tal circuito das águas paulista, pois estes lotavam e precisavam de grandes quantidades.

O nome "Torta Holandesa" veio naturalmente e deu certo. Muita gente naquela época pensava que teria sido uma ideia trazida da Holanda e não uma criação minha. Eu nem ligava para isso, o importante era o sucesso que ela fazia.

Danilo chegou lindo e saudável e 15 dias depois, voltei a trabalhar. Foi o limite possível de me manter afastada da rotina do trabalho. Então, pela manhã eu me dedicava a organizar a casa, dar atenção exclusiva a ele, preparava o almoço e juntos íamos caminhando para o trabalho, empurrando seu carrinho. Foi assim que o amamentei por 8 meses. No meio das tortas e da produção, com ele em um braço e o telefone no outro. Só parei quando ele tinha 8 meses e descobri que estava grávida novamente.

A quantidade de tortas produzidas continuava aumentando mês a mês. Além de supervisionar a produção, precisei ajudar também nas atividades administrativas, enquanto Marcos se ausentava mais e mais nas entregas diárias.

Eu sempre quis ser mãe e trazia comigo muitos desejos idealizados desde os tempos do Berçarte. Desejos relacionados à criação, alimentação e educação rígida, repleta de princípios, que colocaria em prática na rotina de meus filhos.

No início da tarde, Danilo costumava dormir uma longa soneca. Houve um dia, contudo, que um problema urgente precisava ser resolvido. Deixei o carrinho próximo das funcionárias e corri ao banco, me afastando dele pela primeira vez. Foi bem rápido, mas o tempo suficiente de voltar e ver a cena mais chocante que eu poderia imaginar: ele estava recostado no carrinho, muito feliz, e com pouco mais de 4 meses segurava nas mãozinhas vários dos biscoitos de chocolate que usávamos para preparar a torta, e os sugava desesperadamente, já com o rosto todo melecado de chocolate derretido. Foi a maneira que elas encontraram de entretê-lo até minha volta.

Fiquei totalmente em pânico, acreditando que as bolachas e o chocolate poderiam lhe fazer mal, mas para meu alívio, nada aconteceu.

Chegada à cidade de São Paulo e importantes clientes

Nessa época, meu sogro Luiz Fernando, que era dentista, se aposentou. Depois de trabalhar por 35 anos no meio hospitalar, como cirurgião buco-maxilar, convivia e mantinha um grupo grande de amigos médicos. Eles se reuniam mensalmente com as esposas para jantar e assim conhecer algum restaurante novo da cidade.

Luiz Fernando era extremamente alegre e comunicativo. Gostava de se relacionar com os garçons e conversar com os donos de restaurantes e maitres. Interessava-se pelos detalhes da operação. Influenciava pessoas, recomendava pratos e lugares. Nos dias de hoje, talvez fosse um digital-influencer de sucesso no meio gastronômico. Adorava comer bem. Não bebia. Adorava as sobremesas também.

Já empolgado com o sucesso da nossa torta, nos encomendou algumas unidades, pois queria apresentá-la para seus amigos maitres e garçons dos restaurantes que costumava frequentar em São Paulo.

Não sei precisar a ordem, mas os famosos restaurantes Churrascos e Fogo de Chão, no bairro do Brooklin, e Dinhos Place e Rubayat, nos Jardins, foram os primeiros que, de cara, já começaram a encomendar. Foi assim que uma sequência interminável de churrascarias, pizzarias, cafés e toda a cadeia de food service gradualmente foi nos procurando.

Muito engraçado lembrar dos cadastros dos novos clientes irem entrando diariamente via fax. Luiz Fernando passou a ser nosso distribuidor na capital paulista e assim encaminhava via fax diariamente os pedidos e detalhes dos novos clientes. O boca a boca entre os próprios funcionários do meio fez com que fossem chegando até ele que, radiante, nos encaminhava.

O creme de leite que eu usava era aquele das tradicionais latas mesmo. Então, com o aumento da produção, imagine a trabalheira que era abrir e desenvasar tudo depois de gelado.

A manteiga precisava ser bem gourmet, de primeira linha. Portanto, logo conseguimos uma fornecedora que vinha nos abastecer diretamente de Minas Gerais, de tempos em tempos, porque havia um mínimo a ser comprado para que ela viesse só para isso. A própria dona do laticínio mineiro vinha à noite, devido à temperatura mais amena, dirigindo sua caminhonete lotada de barras de 5 kg de manteiga processada exclusivamente para nós.

Os biscoitos eram comprados à vista direto da Tostines, mas precisavam ser retirados diretamente na fábrica em São Paulo, no bairro do Pari, porque nosso consumo ainda não era suficiente para que faturassem e entregassem em Campinas.

Surge uma nova delícia

No centro de Campinas estava instalada a tradicional Cantina Alemã. O proprietário naquela ocasião me questionou da possibilidade de prepararmos algo bem exclusivo, para ser uma porção individual e que fosse fresco. Queria algo exclusivo, já que a Torta Holandesa já fazia parte dos cardápios de quase todos os seus concorrentes. Portanto, não poderia ser um doce congelado, tinha que ser fresco.

Foi assim que criei para eles o "Pavê Bombom". Era simples, mas muito saboroso. Adaptei a Charlote, uma das receitas preferidas de mamãe. Em um pote de vidro, eu alternava camadas de creme e biscoitos champanhe, com bombons quebradinhos, um farto merengue de cobertura, enfeitado com mais bombons ralados. Era servido bem gelado (mas não congelado) e logo eles foram aumentando muito suas vendas. As pessoas desejavam muito almoçar na Cantina para poder "ganhar" essa sobremesa. Não podia faltar. Entregávamos cerca de 50 potinhos de vidro, de duas a três vezes por semana, quando então retirávamos os anteriores ainda sujos. Nós fazíamos a lavagem e esterilização desses vidros. Nada de descartáveis. Como era um processo bem trabalhoso, essa sobremesa permaneceu praticamente exclusiva da Cantina, onde fazia parte do menu executivo.

Sem saber, eu já trabalhava com o foco nos clientes, buscando atender seus desejos e necessidades da melhor forma que podia.

Anjo em nossas vidas

Quando Danilo tinha ainda 1 ano e 5 meses, Renata nasceu. Ter uma menina foi a surpresa mais maravilhosa que poderia receber e ela veio para completar minha felicidade. Eram dois bebês. Muitas fraldas, dois carrinhos, duas banheiras, dois berços no segundo quarto do apartamento. Tudo isso intercalado com muito trabalho na fábrica, que seguia crescendo bem, mas funcionando ainda de forma praticamente artesanal, com processos manuais e quase nenhuma automatização de processos.

Com Danilo matriculado na escolinha à tarde, após 15 dias lá fui eu de volta ao trabalho, dessa vez com uma menina dormindo no mesmo cantinho da produção.

Logo percebi que precisava de ajuda em casa. A cada dia, tudo ficava maior e mais trabalhoso. Foi assim que contratamos a nossa querida Neuza. Amorosa e dedicada, pudemos contar com seu grande suporte doméstico pelos 18 anos seguintes.

Aliás, não tenho palavras que possam descrever sua importância em nossas vidas. Eu não tinha família em Campinas. Teria sido impossível dar conta de minha vida profissional e de mãe sem sua ajuda incondicional, séria e precisa.

Seu maior diferencial, além de muito amorosa, era o de respeitar meus desejos relacionados às crianças. Extremamente caprichosa, ela fazia tudo exatamente como eu pedia e queria. E assim como eu, se esmerava em tudo que se propunha a fazer. Fomos aprendendo muito uma com a outra.

Eu precisava sentir que tinha o controle de toda a rotina para que pudesse ficar sossegada e achar que as crianças seriam tratadas como eu desejava e tinha sonhado que fossem.

Neuza era um grande exemplo de mulher forte e disciplinada financeiramente. Criou seus filhos trabalhando conosco, construiu, ao lado do marido pedreiro, algumas casas em finais de semana e férias anuais e hoje vive confortavelmente com a aposentadoria dos dois e os aluguéis que recebem.

Sou muito grata por tudo e por tanto que fez por mim e meus filhos. Seguimos nutrindo nosso amor à distância.

Assalto e outros problemas

Voltando à nossa fábrica, registrei na memória que em cada freezer cabiam 60 tortas. Todos os dias o rodízio acontecia. Tínhamos dois aparelhos com tortas acabadas e mais um para acondicionar aquelas que ainda seriam cobertas. Elas eram desenformadas para a distribuição e novas eram providenciadas para serem estocadas. Imagino que já vendíamos umas 120 unidades por dia.

Na nossa pequena fábrica, apesar das encomendas irem crescendo, vivemos também vários momentos muito difíceis.

Sempre acreditei que vencer desafios fazia parte do jogo e que jamais me vitimizaria diante deles. Por pior que seja a situação, acredito que sempre há uma solução. Manter a serenidade me ajuda a fluir em busca dessa solução. Para manter a calma e o equilíbrio, respiro fundo quantas vezes forem necessárias, "arregaço as mangas" e enfrento o inimigo com inteligência. Costumo brincar e aconselhar a todos que se veem em apuros com a dica "respira que é de graça", frase essa que carrega uma grande sabedoria. Muitas vezes tudo de que precisamos são alguns segundos para não nos precipitarmos; e ao oxigenar o cérebro conseguimos refletir com muito mais clareza.

Ter apenas 3 funcionários, 2 filhos bebês e um firme propósito de construir uma empresa que fosse sinônimo de comprometimento, respeito e seriedade em alguns momentos foi bem desafiador. Desafiador porque, na verdade, a crise quando se instala nunca chega sozinha. Carrega junto um monte de coisas negativas. E acredite, foram inúmeras as crises!

Certa vez, aceitei um grande desafio de um evento grandioso. Teria uma semana toda planejada milimetricamente em todos os sentidos para que pudesse honrar aquele contrato de fornecimento. Eis que uma greve generalizada de transportes impedia que as funcionárias chegassem ao trabalho. Logo em seguida fui informada também de que, por sua vez, o fornecedor dos ovos também não podia contar com seus funcionários e estava sem condições de honrar a entrega. O caos foi se instalando.

Nesse caso, a Neuza que morava em Sumaré também não conseguiu chegar na nossa casa para cuidar dos meus filhos e me liberar para enfrentar tudo isso... Mas, na minha concepção, não existia a possibilidade de fracassar na empreitada. Eu jamais teria coragem de ligar e avisar que não conseguiria produzir. Depois de alguns telefonemas fracassados para pontos e motoristas conhecidos de táxi, resolvi enfrentar o perrengue.

Nossa Paraty tinha duas cadeirinhas para as crianças. Lá fomos nós 3 encontrar os bairros onde as meninas moravam para resgatá-las e trazê-las ao trabalho. Considerando que eu nunca tinha tido a oportunidade de conhecer a periferia de Campinas, muito menos suas ocupações, bem como não contava com GPS e as tecnologias de hoje, me vi trafegando em ruas de terra dentro de lugares insalubres na missão impossível de encontrá-las, e consegui. Vencida essa etapa, com elas amontoadas entre as cadeirinhas fomos em busca dos ovos. Finalmente, depois de algumas paradas para troca de fralda no capô do carro, compra de água para todos, chegamos preparadas para trabalhar por volta de 11 horas da manhã. No final da tarde tinha que levá-las de volta repetindo o mesmo longo trajeto repleto de trânsito devido à greve. Eu tinha por hábito, sempre que precisava distrair meus filhos no carro, de cantar enquanto dirigia. E assim foi. Olhava pelo retrovisor e via as meninas com uma mistura de espanto e tédio, tendo que fazer todo o trajeto em meio a minha cantoria. Foram 3 dias nessa maratona insana. Mas conseguimos nos divertir com a aventura e cumprir com as metas de produção.

Algumas semanas depois, quando cheguei para trabalhar, flagrei que uma provocava a outra brincando e me imitando com uma das músicas infantis. Foi uma gargalhada geral.

Hoje tenho a certeza de que os problemas têm o tamanho que damos a eles. Você pode transformá-los em gigantes assustadores e impossíveis de serem enfrentados ou em aspectos menores, factíveis e domáveis. Você é quem decide.

Outro episódio marcante, de que me recordo até hoje, foi de uma manhã, quando, logo cedo, constatamos um assalto à fábrica, ocorrido durante a noite. Todo o estoque de queijos havia sido roubado, bem como parte da despensa.

A polícia foi acionada, fizemos o boletim de ocorrência, e o alarde chamou a atenção de alguns dos moradores vizinhos.

Qual não foi nossa surpresa alguns dias depois, quando uma senhora vizinha veio nos contar que o botequim da esquina estava comercializando produtos, provavelmente oriundos do nosso assalto.

Dei uma passadinha rápida por lá e pude ver nossos queijos lindamente empilhados no balcão principal. Foi um momento em que entendemos que não valeria a pena nos indispor com o dono do estabelecimento, pois é fácil imaginar o caráter de quem compra produtos de procedência duvidosa. Com certeza, é tão ladrão quanto o que realizou a ação.

Talvez tenha sido depois desse episódio que decidimos parar de vez com os pães de queijo e focar completamente na produção das tortas.

Motivados com o aumento das vendas e chateados com o assalto, decidimos que era hora de mudar para um espaço melhor, maior e mais seguro.

A região escolhida foi o Jardim do Trevo, bairro próximo à saída da Anhanguera. Lá, construí a minha melhor memória profissional. Um novo e grandioso ciclo se abriu. Foi um tempo de grandes descobertas, como veremos no próximo capítulo.

BOLO DE NOZES

Ingredientes para o bolo

6 ovos inteiros;
1 xícara de açúcar;
5 colheres sopa de farinha de rosca;
1 xícara rasa de nozes bem trituradas;
100ml de leite para molhar o bolo;
1 xícara rasa de nozes para a decoração final.

Ingredientes para o recheio de Baba de Moça

2 latas ou caixas de leite condensado;
2 colheres de amido de milho;
200ml de leite;
200ml de leite de coco;
6 gemas.

Ingredientes para a cobertura de Merengue Suíço

3 claras de ovo;
Mesma medida de açúcar
raspas de limão.

Modo de Fazer

Comece pelo bolo:
Leve à batedeira os 6 ovos inteiros e a xícara de açúcar.
Bata por 10 minutos.
Misture a farinha de rosca e despeje misturando delicadamente até que todo ingrediente seco se incorpore bem ao creme batido.
Unte uma forma de 30 cm de diâmetro com manteiga e polvilhe com farinha de rosca peneirada fina.
Leve para assar em forno pré-aquecido a 180ºC por aproximadamente 40 minutos.
Use um palito no centro para verificar se está bem assado. O palito deverá sair bem seco.
Espere esfriar, desenforme e divida em três partes cortando com uma faca grande de serra ou use fio de nylon se tiver prática.

BOLO DE NOZES

Preparo do Recheio

Misture bem todos os ingredientes dissolvendo e incorporando bem.
Leve ao fogo médio e mexa bem até a consistência de recheio, que será quando ferver bem e conseguir ver o fundo da panela.
Transfira para um prato fundo e cubra com um plástico encostado na uperfície do creme.
Espere esfriar e leve à geladeira.

Preparo da Cobertura de Merengue Suíço

Coloque as claras em neve em uma jarra medidora e verifique a quantidade, pois costuma variar dependendo do tamanho dos ovos.
Meça a mesma quantidade de açúcar na jarra medidora usada para medir o volume das claras.
Junte as claras e o açúcar em uma panela pequena, mexa bem e leve ao fogo baixo mexendo sem parar até o açúcar se dissolver por completo. Cuidado para não cozinhar as claras. Se precisar, de vez em quando tire e volte a panela ao fogo para arrefecer sem parar de mexer.
Jogue essa mistura ainda quente na tigela da batedeira e bata em velocidade máxima até que a tigela esfrie.

Montagem

Coloque no prato que será servido uma das partes da massa com o corte para cima, umedeça um pouco com metade do leite frio.
Despeje metade do recheio, alisando bem, e coloque a segunda parte do bolo.
Molhe novamente, recheie com o restante do creme repetindo o mesmo processo e coloque a terceira parte da massa do bolo.
Cubra com o merengue por toda a superfície e nas laterais com uma espátula, alisando bem. Depois, com uma colher pequena, faça movimentos que formam os bicos, ou use um saco de confeitar.
Enfeite com metades de nozes por cima ou trituradinhas na lateral, como desejar. Sirva bem gelada.

PAVÊ BOMBOM

Ingredientes para o creme

1 lata de leite condensado;
1 lata de leite;
4 gemas.

Ingredientes para a cobertura

4 claras;
8 colheres de sopa de açúcar;
1 lata de creme de leite.

Ingredientes para a montagem

1 pacote de biscoito champagne;
100ml leite;
1 colher de sopa de chocolate em pó;
1 colher de café de licor da sua preferência;
6 bombons sonho de valsa.

Modo de fazer

Prepare o creme. Leve em uma panela média o leite condensado, a mesma medida do leite e as gemas peneiradas. Mexa até começar a ferver. Desligue imediatamente e reserve. Ele engrossa mais depois de frio. Não deixe ferver mais.
Em um prato fundo coloque o leite, o chocolate em pó e o licor.
Rale os bombons em um ralador grosso ou corte em fatias finas com uma faca de serra.
Reserve 1 unidade para enfeitar, divida-o em 6 fatias.
Comece a montagem, alternando creme, biscoito levemente molhado na mistura de leite, chocolate e licor, bombom ralado, e finalize com creme. Leve à geladeira enquanto prepara a cobertura.
Despeje as claras em neve e leve para bater na batedeira em velocidade máxima. Depois de ganhar volume, acrescente, sem parar de bater, o açúcar até que forme picos bem firmes.
Misture delicadamente o creme de leite bem gelado e sem soro.
Cubra os potinhos e enfeite com o biscoito fatiado.
Sirva bem gelado. Rende 8 porções.

Capítulo IX

Capítulo IX

A segunda fábrica e novas receitas criadas

Nosso segundo endereço apresentava algumas conquistas. Era em uma região totalmente industrial e não era mais uma casa adaptada. Era um barracão, que apenas transformamos em uma espécie de cozinha industrial. O endereço era Rua Rinópolis, 120.

Acreditamos naquele momento que estávamos construindo um "modelo" de instalações, devido a termos o espaço todo bem estruturado, azulejado e amplo. E ele contava ainda com escritórios e depósito espaçosos.

As vendas continuavam crescendo e não tínhamos concorrentes. Foi um privilégio bem grande viver esse tempo.

Em uma das laterais da grande parede, foram chumbados os micro-ondas nos quais o processo da cobertura de chocolate era feito. Agora já eram muitos! Por volta de 20.

Na frente dessa parede de micro-ondas, em toda extensão, havia uma grande bancada de inox e na frente de cada micro-ondas havia uma panela com os ingredientes de preparo da cobertura da Torta Holandesa, aguardando "na fila". Era uma sequência de 40 minutos de tempo de cada uma dessas panelas dentro do micro-ondas para alcançar a consistência ideal da cobertura. Apenas uma funcionária passava o dia todo nesse vai e vem: de micro-ondas em micro-ondas, cada um ia despertando no tempo certo registrado; numa sequência sem fim, ia entrando a panela seguinte e de uma em uma até chegar no final com o último micro-ondas. Durante o próximo longo período de cozimento, a funcionária despejava tudo em um grande reservatório. Em seguida começava novamente o processo para a próxima leva de pesar os ingredientes necessários para cada uma dessas panelas da cobertura.

Tal processo levava o tempo de soar o alarme da primeira panela. Sequencialmente, uma a uma iam sendo substituídas, despejadas e recolocadas num movimento sem fim, fazendo com que o aroma de chocolate exalasse por todo o espaço, alcançasse os escritórios e fosse conduzido por todo nosso entorno, despertando a curiosidade e desejo de toda vizinhança.

No final do dia, as coberturas para cerca de 200 tortas já estavam prontas e armazenadas. Seriam resfriadas por 12 horas e iria garantir, no dia seguinte, a finalização das tortas que haviam sido produzidas e aguardavam no processo de congelamento.

Na verdade, uma das grandes conquistas desse endereço foi termos construído nossa primeira câmara fria, onde os freezers eram usados apenas para pequenas necessidades.

Depois de cobertas, as tortas ainda voltavam por mais 24 horas na câmara, que foi planejada para se manter a 22 graus negativos. Mas ainda assim, o congelamento das tortas era lento.

No lado oposto ao dos micro-ondas, outra bancada era organizada e dedicada às batedeiras que produziam os cremes. O processo ali era parecido. Batíamos muitos e muitos cremes, que juntos iam para uma outra área, a de montagem das tortas.

Nessa etapa já tínhamos uma pessoa dedicada à área comercial, que se comunicava com os clientes e recebia os pedidos, porque na verdade eram os restaurantes que compravam, nós não precisávamos fazer esforço para vender. A procura era bem maior que nossa capacidade de fornecimento, portanto não poderíamos sair fazendo venda ativa. De certa forma, as demandas de manutenção, compras e controles financeiros já absorviam totalmente o Marcos.

Eu treinava novas funcionárias que foram sendo admitidas e supervisionava a produção. Orientava novos clientes em como conservar, armazenar e servir nossas sobremesas. Respondia pela qualidade também.

Apesar de alguns problemas, foram meses de aparente estabilidade. Renata, com 1 ano e meio, era bastante apegada ao irmão. Desejava muito estar com ele na escolinha, onde já estava totalmente adaptado e feliz em meio período. Foi assim que comecei a ter as tardes totalmente despreocupadas para poder me dedicar exclusivamente ao negócio.

Minha rotina se dividia entre acompanhar meus filhos pela manhã, quando íamos à pracinha, passeávamos e brincávamos, e ao trabalho na parte da tarde, enquanto estavam entretidos na escola. No final do dia, duas vezes por semana, já aconteciam as aulas de natação.

Melhora de vida e a construção da casa que sonhávamos

De certa forma, foram anos em que ficamos em nossas zonas de conforto. A produção dava retorno suficiente para nos mantermos bem e pagar as despesas das escolas particulares.

Foi no ano de 1997 que decidimos que poderíamos construir nossa casa. Queríamos um espaço maior onde as crianças pudessem brincar.

Tínhamos muitos sonhos pessoais a serem realizados relacionados à moradia. Eu pensava em uma cozinha moderna que acomodasse todo o meu arsenal de utensílios, livros e panelas. Desejava uma área externa com jardim e imaginava o prazer em ter plantas e flores. Queria também uma gostosa área de lazer e convívio com nossas famílias e amigos. Sem luxos, mas com conforto. Todos os detalhes eram pensados para o local onde eu acreditava que seria minha última mudança e seria a casa para se envelhecer e esperar os netinhos. Um espaço simples. Chão de pedra mineira, arejada e ensolarada.

Vez ou outra, passávamos o final de semana em algum hotel fazenda da região ou estávamos com nossas famílias e amigos em São Paulo ou mesmo no sítio em Araçoiaba da Serra, para onde meus sogros se dirigiam toda semana enquanto a construção avançava.

No início de 1998, nos mudamos para a casa nova. Foi uma realização imensa poder construir com recursos próprios e fruto de nosso trabalho!

Eram paredes coloridas, dormitórios amplos, uma piscina que fazia sucesso no verão e uma lareira que nos aconchegava no inverno.

Os anos que se seguiram foram de muitas festas e amigos. Churrascos e familiares no entorno. Completamos a família com uma cadela da raça Waimaraner, a Lua, e adotamos uma gatinha linda, a Daiane. Ótimos momentos de lazer, com coleguinhas dos filhos, que passavam conosco deliciosos finais de semana.

Foi motivo de muito orgulho para nós enquanto pais podermos oferecer uma educação de excelência aos nossos filhos.

Virou uma rotina toda sexta-feira os avós Edy e Luiz Fernando passarem em Campinas para matar as saudades dos netos, nos visitarem, lotarem o carro de tortas e fazerem uma pequena distribuição em Sorocaba e Araçoiaba, a caminho do sítio. Eram os restaurantes que eles frequentavam e o abastecimento era para o final de semana.

Nessa época, apesar de prosperarmos, eu observava a cada dia o aumento de problemas relacionados aos processos de produção.

Confesso que me sentia bastante chateada com as reclamações que aumentavam e ao mesmo tempo limitada por não saber fazer diferente. Levar para a escala de produção um processo pensado e realizado de maneira doméstico-artesanal trouxe consequências negativas. Elas começaram a surgir.

Foi um tempo em que clientes encontraram um pino de metal de batedeira dentro do creme e pedaços de papel alumínio da forma.

Vez por outra, eu não conseguia entender o porquê de um determinado lote começar a ser devolvido por não manter sua consistência nos carrinhos de sobremesas muito usados nas churrascarias, nossos melhores clientes.

Mas eu fazia tudo que era possível para me justificar e me solidarizar com os clientes. Bonificava com um novo produto, visitava pessoalmente o cliente para conversar a respeito, sempre com o desejo de fazer melhor e evitar que o fato se repetisse. Mas, na verdade, nada disso seria efetivo enquanto as rotinas técnicas não fossem revistas e alteradas.

Minha preocupação com as falhas, o sentimento de culpa pelos erros e minha reação de solidariedade com os clientes eram legítimos. Acredito que essas minhas atitudes foram importantes para enfrentar essa etapa em que estava ainda tão despreparada para profissionalizar o negócio.

Apesar dos problemas, o produto era muito desejado, então, de certa forma, tudo caminhava bem, embora eu ficasse cada dia mais angustiada com as intercorrências que aumentavam na mesma proporção da produção.

Solução em festinha

Logo Renata foi convidada para o aniversário de uma amiguinha. Os pais acompanhariam os filhos, pois ainda eram muito pequenos.

Nunca vou me esquecer daquela festinha em que eu não conhecia ninguém. Tentei interagir com a primeira pessoa por cuja simpatia me senti atraída, e ao perguntar em que ela trabalhava, ouvi uma resposta mágica: ela era professora no curso de Tecnologia de Alimentos do SENAI, em Campinas. Eu nunca tinha ouvido falar de um curso desse tipo. Fiquei extremamente curiosa, mas ela não pode me dar mais detalhes com as crianças nos requisitando.

Naquele final de semana nem dormi, pensando no tal curso. Na verdade, eu já estava bastante entusiasmada pela área de alimentos, sua distribuição e a cadeia que a envolve, mas sabia que me faltavam conhecimentos técnicos para o rumo de crescimento que nossa empresa tomava.

Na segunda-feira, eu já estava lá no Senai conhecendo e tentando entender como funcionava o tal curso. Fiquei absolutamente encantada com os laboratórios de alimentos, as salas de aula e suas lindas instalações. O diretor – seu nome era professor Angelucci – me atendeu muito bem e foi assim que começou a minha primeira batalha para conseguir ser aceita pela instituição.

O curso era em parceria com o Instituto Tecnológico de Alimentos (ITAL) tinha como pré-requisito para o ingresso a prova de seleção. Eu era diferenciada por ter ensino superior, mas a prova tinha um conteúdo assustador. Eu precisava muito passar nessa prova pois queria adquirir esses conhecimentos extremamente necessários ao nosso negócio. Recebi o conteúdo e fiquei apreensiva com as matérias que eu nunca tinha estudado. Para meus objetivos anteriores, Bioquímica, Matemática, Física e Ciências Biológicas eram aparentemente desnecessários. O curso era de 2 anos e meio em período integral, sendo que o último semestre envolveria um projeto a ser realizado em um estágio supervisionado. Além do ensino médio completo, tinha como requisito para o ingresso a prova de seleção. Foi assim que encontrei uma professora particular e, ao longo daquele semestre, frequentei sua casa 3 noites por semana. As aulas particulares transmitiram todo o conteúdo e me fizeram aprender o suficiente para ser aprovada no processo seletivo.

Aprendizados muito valiosos

Eu não imaginava o tamanho do desafio que teria pela frente. Foram dois anos e meio de um curso integral que se iniciava às 7 horas da manhã. Graças ao imenso comprometimento da nossa Neuzinha em casa cuidando de Danilo e Renata, eu me desdobrava em muitas para atender as necessidades mais urgentes da fábrica no horário do almoço, tentava sempre que possível acompanhar as idas e vindas para a escola das crianças. E muita, mas muita vontade de acompanhar o curso me tiravam horas de sono e convívio familiar.

Eu tinha uma situação diferenciada dos demais alunos que eram jovens recém-saídos do ensino médio. Era mais velha, já estava encaminhada profissionalmente, era casada e tinha até filhos. Fui privilegiada por ter sido recebida pelos professores e colegas com compreensão e muita atenção. A partir de então, um novo horizonte se abriu à minha frente.

Eu descobria um universo maravilhoso e poderoso: o da fabricação de alimentos. Com meu envolvimento no curso, encontrava apoio direto na solução de meus problemas diários. Eu compartilhava frequentemente com os mestres e colegas os desafios diários que tínhamos em nossa fábrica, que se tornou um interessante estudo contínuo de caso, objeto de análise e estudos para todos.

Foi um divisor de águas. O Senai promove para os alunos uma verdadeira imersão no mercado.

O ensino prioriza a prática que, embasada na teoria, vai trazendo a realidade que será encontrada no dia a dia dos diferentes processos que envolvem fabricação e conservação de alimentos.

Descobri o universo das grandes feiras. Em ônibus, íamos acompanhados pelos professores às feiras relacionadas ao setor, sua grande maioria realizadas em São Paulo.

Uma vez por semana tínhamos aulas práticas no ITAL, onde cursávamos disciplinas de áreas complementares às que víamos no Senai.

Logo fui percebendo os tantos e tantos erros que cometia por falta de conhecimento. Com humildade, eu reconhecia e seguia pedindo ajuda. Eu ia implementando os aprendizados dia após dia.

Uma das mudanças significativas que já realizei de imediato foi a substituição dos ovos que, embora sempre frescos, ofereciam um grande risco de contaminação a um processo fabril que já atingia uma certa escala de produção, e principalmente por fabricarmos um creme fresco que não era submetido a nenhum processo térmico, de cocção.

Passamos a usar então as gemas líquidas pasteurizadas.

Houve uma vez em que convidei meu saudoso professor Angelucci para visitar nossa fábrica. Foi um choque escutar seus feedbacks e sugestões, porque desde a sala de entrada até a expedição tínhamos falhas estruturais graves. Nosso espaço foi todo mal concebido, segundo ele. De imediato, senti uma grande tristeza, mas logo após nasceu dentro de mim um desejo imenso de reformular tudo, de reinventar nossa empresa e de transformá-la em algo de que eu poderia vir a me orgulhar novamente.

O incentivo dos professores do Senai/ITAL foi imprescindível para que eu passasse a fazer o certo da melhor maneira possível.

Comecei a implementar melhorias contínuas e a planejar novas instalações em uma possível e breve mudança.

Nascem outras receitas

A Torta Holandesa, por sua praticidade de armazenamento, além de muito saborosa, oferecia um conforto aos restaurantes. Era a garantia de satisfazer seus clientes que a desejavam muito e a de não terem que se preocupar com a produção direta das sobremesas, que exigem uma mão de obra diferenciada e mais cara. Por isso que as sobremesas dentro de um restaurante normalmente costumam ser terceirizadas.

A praticidade de uma sobremesa supergelada fez com que eu começasse a pensar no desenvolvimento de outras possibilidades. Mas era bem difícil, praticamente impossível, adaptar receitas tradicionais para aquela realidade que havíamos encontrado com a Torta Holandesa. As sobremesas tradicionais não congelam bem e tampouco aceitam com facilidade a cadeia logística de supergelados.

Precisava diversificar, aproveitar o custo de distribuição e não sabia como. Fazer com que o produto chegue com a qualidade certa nos lugares desejados envolve planejamento comercial, logístico e financeiro com um esforço que gera custo. Se você distribui apenas um sabor, o custo da distribuição é o mesmo do que se entregasse dez produtos diferentes para o mesmo cliente. Era esse o nosso desafio! Aumentar volume de distribuição sem aumentar custos. O único caminho seria a diversificação do nosso portfólio. Mas eu não imaginava como criar outros produtos com as mesmas características.

E foi em um horário de almoço, pesquisando na biblioteca do Senai, que encontrei inesperadamente uma reportagem inspiradora, na tradicional revista britânica "The Bakery", sobre uma história parecida com a minha.

Era uma indústria familiar americana chamada "Cheese Cake Factory", que começou a usar o creme tradicional do cheesecake em inúmeras versões. Eles foram os pioneiros nas variações dessa típica torta americana.

Foi nesse momento que tive o insight de usar o mesmo creme da Torta Holandesa na fabricação de outros produtos. Batizei-o de creme holandês.

Na mesma semana, já criei minha segunda torta gelada: a Torta Alemã — feita de creme holandês com nozes e passas, biscoitos maria na base e no topo, coberta com um especial pralinê de nozes e enfeitada com riscos de chocolate amargo derretido. Ela se tornou a segunda mais vendida na nossa fábrica, que nesse momento já passou a se chamar "Holandesa & Cia".

Com uma clientela fiel e o fluxo de pedidos e entregas funcionando bem, era comum sermos questionados sobre outros produtos que fabricávamos, pois partiam do princípio de que seria tão bom quanto. Na sequência, inventei as Tortas Alemã, Brasileira, Italiana, Australiana, Gelado Inglês, Amendoim, Silvestre e tantas outras.

Foi também considerado um momento bastante inovador quando comecei a utilizar na minha confeitaria matérias-primas até então disponibilizadas apenas para a indústria de gelados/sorvetes.

Tais pastas importadas destinadas unicamente à fabricação de massas de sorvete davam um sabor incrível ao creme holandês, e proporcionavam uma infinidade de criações tais como Gianduia, Iogurte, Pistache e Amarena. Assim, despertaram inclusive a atenção do fabricante de uma delas, que em uma de suas vindas ao Brasil fez questão de me conhecer pessoalmente e visitar nossa fábrica.

Foi a partir daí que recebi muitos convites, no início por indicação dos italianos, para participar como jurada de alguns concursos e eventos relacionados à área de pâtisserie e até panificação, que sempre foi uma de minhas paixões também.

Já oferecíamos também várias opções de formatos e tamanhos. Além da apresentação inicial já disponível em formato grande de 1.200 gramas, que servia 12 fatias, criamos um tamanho médio, de cerca de 500 gramas, que servia 5 fatias, e as pequenas individuais de 120 gramas e até uma mini de 80 gramas para situações mais especiais.

Os sabores foram sendo desenvolvidos de acordo com observações de mercado, necessidades produtivas e oportunidades.

Um grande e delicioso exemplo que relembro foi o caso do "Gelado Inglês". Os biscoitos maria usados para fazer a Torta Holandesa eram entregues em grandes caixas a granel. Uma pequena quantidade sempre sobrava quebrada no final de cada caixa. Eu não aceitava a ideia de descartá-los. Foi quando desenvolvi a receita: esses biscoitos eram triturados, misturados ao creme holandês, chocolate em pó, passas pretas e brancas previamente embebidas em rum e castanha do Pará moída. Eram produzidos no formato retangular, que remetia ao bolo inglês. Uma inspiração. O sucesso foi tanto que logo precisamos começar a triturar biscoitos inteiros de boa qualidade. Os que se quebravam naturalmente não eram mais suficientes.

Quando chegou o último semestre do curso, que seria o de estágio, não recebi autorização da diretoria para que ele fosse realizado na minha própria empresa. Queriam que eu fosse para alguma indústria de alimentos indicada por eles. Mas eu não tinha interesse em desenvolver um projeto em outra área, que não pudesse ser aplicado na minha própria fábrica. E com certeza as indústrias de sobremesa não iriam admitir uma estagiária infiltrada como uma possível concorrente da área de sobremesas.

Foi assim que, após algumas trocas de requerimentos e solicitações que tramitaram entre as diretorias do Senai e ITAL, consegui desenvolver meu projeto de estágio na minha própria indústria, finalizado e apresentado com muitos elogios.

Meu interesse se voltava a processos e não à elaboração propriamente dita de receitas. Eu queria melhorar continuamente a forma como as coisas aconteciam em nossa fábrica. Assim, me dediquei arduamente às pesquisas, estudos e às visitas aos fabricantes de equipamentos.

Na verdade, eu já sabia o que queria e, para isso, precisava realizar mais uma mudança: montar uma unidade produtiva moderna, com a adoção de processos inteligentes e equipamentos adequados para escalar a produção e fazer uma gestão o mais profissional possível. Mais um desafio enorme: o de encontrar um novo espaço que pudesse ser adequado aos meus sonhos, agora bem mais altos.

Meu trabalho de conclusão de curso no Senai após 3 exaustivos anos foi "Implantação do Nitrogênio Líquido no congelamento rápido de sobremesas".

TORTA ALEMÃ

Ingredientes para o creme

2 latas de creme de leite;
3 gemas;
200g de manteiga;
200g de açúcar peneirado ;
200g nozes;
200g passas pretas;
2ml baunilha (1 tampinha);
100ml rum ou conhaque;
1 pacote 200g biscoito Maria.

Modo de fazer

Deixar as passas de molho na bebida enquanto prepara o creme;
Incorporar as nozes picadas e passas escorridas ao creme holandês;
Misturar a baunilha no soro do creme de leite previamente reservado;
Umedecer os biscoitos forrando todo o fundo da forma de aro removível;
Despejar creme, alisar, colocar restante dos biscoitos umedecidos novamente por cima.

Veja dicas como preparar o creme holandês na página 124.

Para decorar

Preparar um crocante com 2 xícaras de açúcar, triturar e misturar com 100g nozes, cobrindo totalmente os biscoitos pressionando bem por cima da torta.
Derreter 50g chocolate amargo microondas ou banho maria e "riscar" toda a superfície da torta.
Levar ao freezer por no mínimo 6 horas.

Como preparar o crocante

Levar açúcar em panela de alumínio em fogo médio e ir mexendo até dissolver por completo e estar com uma cor de caramelo dourado.
Em seguida despejar em forma de tefal ou em pedra mármore.
Ao esfriar, solte os pedaços e coloque dentro de um saco plástico.
Com um martelo de cozinha, dê batidas até conseguir os tamanhos desejados ou leve a um processador utilizando a tecla pulsar por algumas vezes. Depois, faça o mesmo com as nozes separadamente e misture tudo.

TORTA BRASILEIRA

Ingredientes

2 latas de creme de leite;
3 gemas;
200g de manteiga;
200g de açúcar peneirado ;
200g cream cheese;
200g biscoitos tipo maria;
250g de Goiabada tipo cascão;
100ml de água quente.

Modo de Fazer

Prepare uma forma de aro removível de cerca de 25cm de diâmetro cobrindo o fundo com os biscoitos inteiros.
Com a ajuda de uma espátula, misture o cream cheese ao creme holandês fazendo movimentos circulares de baixo para cima sem bater.
Despeje por cima dos biscoitos, alisando bem com uma colher grande, e em seguida coloque mais uma camada de biscoitos bem próximos da borda e uns dos outros. Leve ao freezer por 24 horas.
Pique a goiabada em pequenos pedaços e bata no liquidificador com a água.
Coloque a mistura líquida em uma panela e leve ao fogo por alguns minutos até atingir o ponto desejado, que é quando, ao raspar com a colher, conseguimos ver o fundo da panela.
Espere esfriar um pouco e despeje lentamente ainda morno sobre a superfície da torta congelada, girando a forma para que a cobertura se espalhe uniformemente e cubra toda a torta, obtendo um aspecto espelhado e bem liso.
Volte a torta ao freezer por no mínimo 3 horas.
Sirva gelada, na consistência desejada.
Siga as mesmas orientações de descongelamento e conservação sugeridas para a Torta Holandesa.

Veja dicas como preparar o creme holandês na página 124.

TORTA DE AMENDOIM

Ingredientes

2 latas de creme de leite;
3 gemas;
200g de manteiga;
200g de açúcar peneirado ;
200g de amendoim torrado e moído fino natural (farinha);
200g de amendoim torrado e moído grosso natural;
1 lata de leite condensado cozido;
ou 400g de doce de leite de sua preferência;
200g de biscoitos tipo maria.

Modo de Fazer

Prepare uma forma de aro removível de cerca de 25 cm de diâmetro cobrindo o fundo com os biscoitos inteiros.
Com o auxílio de uma espátula, misture delicadamente o amendoim moído fino ao creme holandês, fazendo movimentos circulares de baixo para cima até ficarem bem incorporados.
Despeje essa mistura por cima dos biscoitos, alisando bem com uma colher grande, e em seguida coloque mais uma camada de biscoitos bem próximos da borda e uns dos outros. Leve ao freezer por 24 horas.
Retire do freezer e cubra com 2/3 do doce de leite, alisando bem, e despeje com 2/3 do amendoim moído grosso. Volte ao freezer por no mínimo 3 horas.
Quando for desenformar e servir, se desejar, use o restante do doce de leite e do amendoim para cobrir e enfeitar as laterais da torta, alisando a volta toda com o doce, e com as mãos em concha use o restante do amendoim sobre o doce.

Veja dicas como preparar o creme holandês na página 124.

Dicas

Se for cozinhar leite condensado, use panela de pressão e marque 30 minutos após o início do vapor. Espere sair toda a pressão para abrir a panela e esfriar bem a lata para o desenvase. Retire todo o doce em uma tigela e misture bem com o auxílio de uma colher para que fique bem homogeneizado.
É fácil encontrar amendoim já triturado nas espessuras desejadas, mas observe se são sem nenhuma adição de açúcar ou outros ingredientes (natural).
Se preferir torrar o amendoim cru, cuidado para manter sua cor clara e moer apenas, sem deixar virar uma pasta.

GELADO INGLÊS

Ingredientes

2 latas de creme de leite;
3 gemas;
200g de manteiga;
200g de açúcar peneirado ;
50g de passas pretas;
100ml de rum ou conhaque;
50g de castanha do pará;
50g de chocolate ou cacau em pó;
100g de biscoitos maizena.

Modo de Fazer

Coloque de molho as passas na bebida.
Triture grosseiramente as castanha do pará e os biscoitos.
Peneire bem as passas.
Misture tudo com uma espátula juntando ao creme holandês.
Forre uma forma pequena de bolo inglês com filme plástico,
despeje todo o creme e leve ao freezer por no mínimo 6 horas.
Desenforme e, se desejar, enfeite com amêndoas laminadas ou castanhas do pará.
Sirva congelado, acompanhado de uma calda quente que poderá ser da própria cobertura da Torta Holandesa, ou derreta um chocolate do seu gosto com creme de leite em micro-ondas na proporção de 2 partes de chocolate para uma parte de creme, misturando bem e servindo ainda quente sobre a fatia gelada.
Veja dicas como preparar o creme holandês na página 124.

Capítulo X

Capítulo X

A terceira fábrica e a maturidade nos negócios

Foi assim, já cheia de propósitos, que cheguei ao nosso terceiro endereço comercial!

A grande instalação situada na Av. Fernão Pompeu de Camargo, onde permanece até hoje, já tinha aquela fachada com cara de fábrica. Estampada em letras enormes por toda sua extensão, a nossa já então muito conhecida e respeitada marca "Holandesa & Cia".

Nessa unidade, consegui implementar meu projeto do Senai, que era a "Utilização do Nitrogênio Líquido em congelamento rápido de sobremesas". Dessa forma, o congelamento das tortas passou a ser rápido, evitando assim qualquer possível alteração microbiológica ou sensorial. O congelamento à base de nitrogênio dá aos alimentos congelados a aparência mais próxima possível do natural. É também normalmente utilizado quando se processam maiores quantidades de alimentos, pois acarreta maior rapidez, o que é essencial quando se deseja otimizar os processos de fabricação. Dessa maneira, conseguimos reduzir o tempo de produção das tortas de dois para apenas um dia. Como consequência, não precisávamos mais armazenar os produtos para só depois, no dia seguinte, finalizar com a cobertura.

Em paralelo, nessa unidade criamos uma "área quente" onde um grande tacho de cozimento encamisado era aquecido pela caldeira, e já preparava cerca de 300 litros de cobertura em um curto espaço de tempo, otimizando o processo maravilhosamente bem.

Na área externa, bem na frente da fábrica, tínhamos imponentes os grandes cilindros reservatórios de armazenamento do gás nitrogênio, que me faziam relembrar diariamente, enquanto aguardava a abertura dos portões, toda a trajetória que percorri para chegar a eles.

Ainda na área externa foi instalada a tal caldeira responsável pelo aquecimento da água que circulava no grande tacho de cozimento das coberturas. Eu me impressionava pelo grande avanço que demos indo dos micro-ondas para esses grandes equipamentos. Simultaneamente, já tínhamos grandes batedeiras industriais que nos permitiram um grande aumento na produtividade dos cremes.

Na época, não havia equipamentos semi-industriais, entre os domésticos e os industriais. Por isso, demos um grande salto de profissionalismo em direção à qualidade e à produtividade.

Trouxe do Senai uma colega técnica, a Helen, pois entendi que precisaria de alguém preparada para dividir as responsabilidades e para supervisionar os novos equipamentos. Helen teve um profissionalismo, competência, comprometimento e dedicação que poucas vezes vi igual. Foi a responsável técnica enquanto eu ainda não tinha o registro do Conselho Regional de Química (CRQ). Extremamente metódica e séria, não tirava o sorriso do rosto. Contraditório? Não! Ela era exigente sem perder a ternura. Liderava a equipe e dava feedbacks, sem jamais se esquecer de deixar o sorriso, sua marca registrada. Sempre a admirei por isso. Helen era, acima de tudo, sensível e fã incondicional dos nossos sabores, do nosso trabalho.

Eu era tão assoberbada de tarefas e responsabilidades, que foi graças a sua ajuda na coleta de dados e digitações intermináveis que consegui finalmente redigir o meu trabalho de conclusão do curso. Eram tabelas, cálculos e relatórios que, finalmente completos, pude apresentar a uma banca composta por convidados da área e professores, e receber meu certificado de conclusão do curso. A partir daí, pude me vincular ao Conselho Regional, o que me autorizava a assinar e ser responsável pela minha própria empresa. Agora eu era filiada a essa importante instituição. Quem diria que de professora de educação física, eu me tornaria uma técnica em alimentos?

Descobri que, antes de qualquer rótulo, no denominador das minhas carreiras, estava a palavra "empreendedora". Antes de qualquer formação, tinha uma alma empreendedora que gostava acima de tudo de trabalhar, de criar, de inovar e de produzir! Só pode empreender quem gosta de desafios e de resolver problemas. Quem deseja colocar seus sonhos em prática. Quem almeja impactar a sociedade com seus produtos e serviços.

Mas, para poder empreender bem, precisamos de pessoas capacitadas ao nosso lado para nos ajudar, porque sozinhos ficamos muito limitados e não vamos conseguir atingir escala e porte.

E eu seguia buscando soluções através de pessoas que dominavam as áreas técnicas em que precisava evoluir.

Certificação em qualidade

O programa de qualidade mais importante da indústria nessa época era o "HACCP – Hazard Analysis and Critical Control Points" (ou "APPCC-Análise de perigos e pontos críticos de controle"). Eu queria essa certificação que nos colocaria em um lugar completamente diferenciado no mercado.

Com o certificado de qualidade em mãos não precisávamos explicar nossas boas práticas comerciais e processuais. Fica explícita a preocupação com todo o ecossistema que envolve seu negócio. É ser respeitado e digno das parcerias mais exigentes na área de alimentos.

Contratei dois consultores, Alexandre e Daniel, que trabalharam comigo por cerca de dois anos até conquistarmos essa certificação.

Implantar programas de qualidade implica revisar todos os processos e mudá-los. Não se consegue isso em um mês. Envolve desde a seleção dos fornecedores e o recebimento de mercadorias até a cadeia de produção, o abastecimento e a distribuição. Fazer uma gestão alicerçada em um robusto programa de qualidade torna as operações da empresa mais eficientes, e proporciona melhor aproveitamento de matérias-primas, agilidade na produção, redução de riscos diversos (contaminações, acidentes de trabalho etc.) e garantia de produtos finais confiáveis e muito bem-feitos.

Semanalmente, esses consultores deixavam tarefas e avaliavam as medidas implementadas anteriormente.

O trabalho para conseguir a certificação envolvia solucionar muitos desafios. Como exemplo, posso lembrar do impasse relacionado ao "coração dos nossos produtos", a manteiga. Na prática, a manteiga selecionada por mim, que sensorialmente era a melhor então já encontrada para o creme holandês, era fabricada por uma empresa que não possuía os mesmos controles de qualidade necessários para o patamar exigido por esse programa. Foi bem difícil, mas significou uma guinada de 180 graus em maturidade empresarial.

Os consultores me traziam novidades do mercado quando chegavam, porque estavam diretamente envolvidos com outras indústrias e atividades relacionadas à minha área de interesse. Naquele dia da semana, eu conseguia, nos intervalos de suas atividades, aprender o máximo possível com eles e absorver conhecimentos, resolver necessidades básicas como o Excel, por exemplo.

Pacientemente, Daniel me ensinou a definir indicadores importantes de produção e qualidade e a criar gráficos e tabelas no programa para que eu passasse a acompanhar tais indicadores e, assim, tomar decisões com mais precisão e qualidade. Eu estava cada vez mais entusiasmada com estatísticas e queria entender tudo de cada produto de nosso portfólio. Curvas de crescimento, tempos de estocagem, ciclos de vida.

Todo planejamento semanal foi para o Excel: produtividade, perdas e custos. Não tínhamos um programa específico e acessível para isso naquela época e essa foi a forma que encontrei para realizar essas análises críticas. Passei a ter um painel de controle, com uma visão sistêmica do nosso negócio.

Foi mais ou menos nessa mesma época que desenvolvi também formas exclusivas de plástico com fundo removível, descartáveis, que poderiam ser mantidas com as sobremesas no armazenamento até o momento de serem vendidas pelos clientes. Dessa maneira, além de muito mais higiênico por não ter a etapa de lavagem e secagem das formas, dispensava também o momento de ter que desenformar uma a uma. Era um "ponto crítico" que, ao ser solucionado, gerou um diferencial competitivo enorme no mercado de sobremesas.

Outro detalhe bastante inovador foi que, em todo o entorno dessas formas, havia pequenos frisos que delimitavam exatamente o tamanho das fatias, permitindo que quem fosse servir não errasse de tamanho, prejudicando assim a sua rentabilidade. Isso era um diferencial que agregava também muito valor em nossos produtos.

Outra conquista foi uma grande área de lavagem e secagem de utensílios totalmente automática. A produção era toda isolada, com grandes janelas de vidro e uma entrada onde a higienização individual dos colaboradores acontecia. Lava botas, produtos químicos apropriados e todo o equipamento de proteção individual, pois afinal de contas muitos ruídos começaram a fazer parte de nossa área fabril e eu me sentia responsável em proteger completamente os colaboradores.

Nessa terceira unidade, já tínhamos 2 câmaras frias bem maiores, destinadas a produtos semiacabados, como estoque de cobertura e outros ingredientes, tais como o creme de leite, que precisava ser mantido bem gelado depois do desenvase, e a manteiga em grandes blocos de 5 kg.

Havia uma terceira câmara, já fora da área de produção, na expedição. Ficava na área de carregamento dos caminhões. Sim, depois da primeira Fiorino veio a segunda, o primeiro motorista, depois furgões bem maiores, o primeiro caminhão, o segundo motorista e finalmente um caminhão refrigerado bem grande, que mantinha a temperatura certa de congelamento. Passamos a ter 3 motoristas e muitas rotas a serem cumpridas. A escolha do porte do veículo era relacionada ao tipo de trajeto que seria realizado.

Começamos a entregar em diferentes centros de distribuição para clientes maiores e eles próprios finalizavam as entregas para as suas lojas em estados mais distantes.

No piso superior de nosso novo espaço ficavam os nossos escritórios, bem como o departamento de pessoal e o comercial. A produção podia ser vista pelas janelas do escritório.

Mas o ponto alto mesmo desta unidade foi minha cozinha experimental construída em anexo aos escritórios.

Era lá que eu realmente me realizava. Vivia uma época em que recebia diariamente amostras de ingredientes e solicitações de testes e oportunidades para que viesse a usá-los.

Nesse confortável espaço, eu tinha tudo o que precisava. Toda aberta, a cozinha era totalmente circulada de meias paredes que formavam bancadas, onde eu realizava minhas experimentações, criações, degustações e análises sensoriais. Testava receitas, criava cremes e desenvolvia produtos.

O sucesso nas feiras de negócios

Nossa distribuição começou a aumentar expressivamente a partir do momento em que fomos convidados pelo Sebrae a participar da nossa primeira feira de negócios. Com nosso próprio estande, fazíamos degustações, entregávamos panfletos e atendíamos aos inúmeros interessados.

A Feira Internacional de Tecnologia para a Indústria de Alimentos e Bebidas (Fispal) era um evento de alimentos que atraía interessados do Brasil todo, inclusive do exterior. Eram equipamentos, ingredientes, serviços e o que pudesse ser útil para os fabricantes de alimentos e interessados em sua distribuição.

O Sebrae nos subsidiou com 100% do custo do espaço nessa primeira participação e o retorno foi espetacular. Era uma grande novidade, já que era uma feira de grande importância, que superava o alcance da região das cidades de São Paulo e Campinas.

Depois vieram muitas outras e nossa participação foi constante ao longo de todos os anos. Não participamos só da Fispal, uma feira internacional que reúne há 40 anos em São Paulo as principais empresas do mercado de food service, como também da Equipotel, feira mais relacionada ao mercado de hotelaria, da FIPAN, a Feira Internacional da Panificação, Confeitaria e Food Business, e a da APAS SHOW, feira da Associação Paulista de Supermercados. Eu tinha uma equipe que me acompanhava diariamente e alguns distribuidores que se deslocavam vez por outra para São Paulo visando colaborar nesses eventos.

As filas de degustação eram intermináveis. Todos queriam conhecer nossos lançamentos. Cada evento era uma logística extremamente cansativa de 4 ou 5 dias. Eu retornava diariamente a Campinas para dormir e estar com meus filhos, supervisionar o transporte dos produtos e equipamentos e materiais de brindes e distribuição.

Assim, esses eventos nos ajudaram a abrir mercados em todo o Brasil. Para cada novo distribuidor, precisávamos ajudar na seleção da equipe, treinar o time, supervisionar as atividades, assessorar na parte comercial e de marketing e realizar cobrança de metas e resultados.

Eu acreditava que nossa relação com essas pessoas teria que ser um "ganha-ganha" em que todos se beneficiassem igualmente.

Cada distribuidor parceiro atendia um determinado número de cidades e/ou estados. Por conhecerem profundamente as características de suas regiões, eram mais bem capacitados do que nós, que desconhecíamos as particularidades comerciais e gastronômicas locais, além de já possuírem relacionamentos e terem desenvolvido a confiança necessária para a credibilidade, o que facilitava muito a entrada dos nossos produtos nos diferentes setores.

Ao final do primeiro ano, preparei um grande evento de confraternização com todos eles em Campinas por dois dias. Além de conhecerem nossa fábrica, nossa produção e principalmente receberem treinamento de vendas de nossos produtos, celebramos as conquistas conjuntas.

O treinamento contínuo se fazia necessário porque o armazenamento adequado era fundamental para produtos congelados. Nesses encontros, tratávamos de como exatamente as sobremesas deviam ser servidas e qual a temperatura ideal para cada item. Além disso, recebíamos sugestões, trocávamos ideias e falávamos de tantos outros assuntos do nosso negócio.

Paralelamente, ganhávamos mais visibilidade. Era como se todos os holofotes se dirigissem a nós.

Conforme crescíamos e aumentávamos de tamanho, as obrigações fiscais e tributárias ampliavam em maior proporção. As exigências sanitárias, agora que já estávamos muito bem instalados e orientados, eram maiores de que quando éramos pequenos e fazíamos coisas ingenuamente muito erradas.

Crescer no Brasil é muito difícil. A indústria é rentável para os pequenos e amadores e para os grandes, muito grandes! Esse caminho do meio é doloroso.

Os pequenos e informais conseguem uma lucratividade enorme porque concorrem no mercado sem as despesas de uma indústria formal. Na informalidade, conseguem dividir seu espaço com a própria moradia, como aconteceu conosco no início. Dos microempreendedores pouco se exige. Não há fiscalização nas áreas sanitárias, tampouco fiscais. E conseguem se infiltrar pelos pequenos mercados e concorrer muitas vezes com grandes marcas. O caminho do meio é o mais dolorido, pois é quando a atenção de todos se volta para o seu crescimento. Era assim que nos sentíamos. Muitas e contínuas fiscalizações. E não era só isso. Os investimentos em equipamentos necessários foram vultosos e feitos com sacrifício.

Explicando melhor, as linhas automatizadas para produção, batedeiras e tachos de cozimento são os mesmos usados em qualquer porte de indústria, ou seja, dos precários micro-ondas já fomos para uma estrutura produtiva que quando "um dia" fosse usada em sua total capacidade com certeza já teríamos atingido um faturamento de grande indústria, cujo ganho acontece na escala. Somente sobremesas consideradas "comerciais" atingem essa escala. Então nós tínhamos investimentos e custos de produção de uma grande empresa com a lucratividade de uma média. Era o grande desafio de fabricar a sobremesa artesanal e elitizada em escala industrial.

Realizar esse percurso significa uma empreitada de aprendizado e dedicação contínua, com uma resiliência muito maior do que quando se é pequeno. É um caminho sem volta. Você é empurrado pelo mercado a crescer se quiser manter a sua liderança .

Eu continuava minha autocobrança em me manter protagonista da minha própria história, sempre fazendo o que estava ao meu alcance para que a empresa continuasse sua evolução e crescimento.

Concorrência e sabotagem

É preciso ter escala para compensar as margens que ficam cada vez menores diante da concorrência que chega. Demorou, mas ela chegou! O interesse dos oportunistas pela Torta Holandesa e seus mistérios me levaram a viver uma etapa de muito amadurecimento.

Queríamos ser amigos, ajudar nossos colaboradores. Um de nossos motoristas nos indicou uma vizinha para trabalhar na produção, que consequentemente indicou a comadre que, por sua vez, trouxe a irmã e mais uma amiga. Resumindo: eram 5 moradores da mesma rua na cidade de Sumaré. Para ajudá-los, fizemos um acordo pelo qual pagávamos o financiamento do carro dele, que correspondia a um valor um pouco superior ao vale-transporte dos 5. Dessa forma, elas chegavam mais rápido e descansadas para o primeiro turno das 6 horas e ele já iniciava o carregamento do caminhão para as entregas do dia.

Estávamos crescendo muito e precisávamos de pessoas o tempo todo. Foi um esquema bom para todos. Porém é o que se faz quando se é muito inexperiente!

Um dia, a encarregada de produção pediu férias urgentes, sem planejarmos. Alegou problemas emocionais. Fui forçada a conceder. Nesse meio tempo, aconteceu tudo muito rápido, nem lembro a sequência, mas o fato foi que o grupo de Sumaré ainda levou mais 5 pessoas, totalizando 10 funcionários, para o começo de uma nova empresa de tortas supergeladas. Foi uma mistura de decepção, susto e sentimentos que emergem quando lidamos com pessoas. Um detalhe importante: as férias da encarregada abalada foram para o treinamento inicial da tal nova fábrica.

A saída de 10 colaboradores em um time de 20 foi um duro golpe e muito desafiador para administrarmos. Perdi parte de um time que considerava fiel e comprometido. Arregacei as mangas, voltei para o "chão de fábrica", que é o termo usado para quem trabalha diretamente com a fabricação do produto diariamente, providenciamos novas contratações, enquanto Marcos visitava clientes e esclarecia o mal-entendido. Afinal, os traidores estavam entrando em contato com as empresas se passando por nossos colaboradores. O motorista da empresa concorrente seguiu usando nosso uniforme para atrapalhar mais ainda. Por essa e outras, o contato direto com os nossos clientes se fez dessa vez mais necessário do que nunca.

Eis que meu pai entra em campo com seu discurso seguro de que essa concorrência seria ótima para nós. Quando você ouve isso, com certeza se sente muito indignado na hora, mas posso dizer que ele estava certíssimo.

A situação me deu ânimo e entusiasmo para largar na frente. Até então, como diz o jargão popular, "nadávamos de braçada" em um mercado novo que tínhamos desbravado. Eu precisava ser a melhor, a precursora, a líder. Muitas novas marcas foram chegando, mas a liderança era minha. Eu ditava as tendências e todos copiavam. Rapidamente a nossa Torta Holandesa passou a ser imitada por muitos. Não sei se teríamos crescido tanto se tal fato não tivesse ocorrido. Foi uma escalada virtuosa que se delineou a partir desse momento. Um verdadeiro divisor de águas. Logo depois, tive a primeira e grande iniciativa de buscar ajuda com um publicitário.

Precisávamos fortalecer nossa imagem e marca. O mercado estava se confundindo diante da concorrência crescente, usando nomes e cores semelhantes aos nossos, conhecidos de todos. Fui recomendada a "mostrar a cara", me apresentar, para poder protagonizar uma história verdadeira e que era realmente minha. Concluímos que os produtos poderiam até serem copiados e imitados, mas a minha história, não. Foi assim que perdi a vergonha e deixei-me fotografar pelo grande fotógrafo campineiro Amaury Simões, como uma "chef pâtissier" e aceitei aparecer no nosso primeiro e lindo catálogo de produtos.

Nossos caminhões foram inteirinhos adesivados com uma marca redesenhada. Nesse processo também tomamos a decisão de contratar uma assessoria de imprensa.

Passei a fazer parte de um meio, me senti pertencendo a um núcleo privilegiado de profissionais da área.

Passei a ser colaboradora da revista da Associação Brasileira de Bares e Restaurantes (Abrasel) e junto com a associação participei de incontáveis eventos.

Era frequentemente convidada a fazer parte como jurada de concursos de gastronomia, e a participar de programas de culinária e de revistas femininas nos mais diferentes canais abertos.

Parceria e mais profissionalização com a Nestlé

Foi nessa época que a Nestlé, após venderem algumas de suas fábricas, nos propôs a oportunidade de realizar contratos de "Coopacker", que significa "fabricação por contrato". Que privilégio, quanto orgulho firmar parceria com uma das maiores e mais admiradas empresas de alimentos do planeta!

Mas como nada, absolutamente nada, vinha de maneira fácil e tranquila, na visita inicial da auditora de qualidade da Nestlé, esta já apontou pontos de melhoria fundamentais em processos de produção para que as negociações avançassem. Eram pontos condicionais que vinham com prazos para produção para que as negociações avançassem. Eram pontos condicionais que vinham com prazos para suas realizações. Foi quando conheci e contratei novos consultores para me ajudarem nessa empreitada.

Esses consultores traziam suas experiências justamente como engenheiros de alimentos dessas fábricas encerradas, depois de muitos anos de atuação. Então, conheciam e sabiam o que seria necessário para atendê-los.

A primeira e grande orientação recebida, que eu não havia aprendido até então, era da necessidade de ter uma sala de dosimetria.

No nosso contexto, todas as colaboradoras aprendiam todas as funções e processos escalonadamente. Com a ampliação estrutural e construção dessa sala, uma pessoa trabalhava dosando no dia anterior tudo que seria usado para cada linha de produção no dia seguinte, e fracionava dessa forma os ingredientes. Então, o time da linha do creme, por exemplo, recebia os ingredientes previamente dosados e pesados, sem que soubessem exatamente a quantidade ou a marca e itens do que estavam batendo. O mesmo com os demais setores. Isso dificultava o vazamento das formulações e receitas.

Era um processo dinâmico e constante, em que a Torta Holandesa sempre correspondeu a 50% da produção e vendas e era produzida diariamente. Os demais sabores, que chegaram a ser aproximadamente 35, correspondiam aos outros 50%, e eram divididos entre os demais dias da semana ou quinzena de acordo com o grau de dificuldade e outras características, tais como volume e produção.

Ao longo de dois anos, um grande projeto de automação foi idealizado pelos consultores. Eram esteiras que movimentavam os produtos, deixando as funcionárias paradas em diversos pontos da produção apenas colocando os biscoitos em volta e em cima. Uma grande plataforma foi construída também e as batedeiras subiram, para que o creme descesse por gravidade sem sofrer a pressão do processo. Dessa maneira conseguimos manter o produto sem espessantes. Enfim, os processos foram ficando mais otimizados, ágeis e inteligentes. Uma beleza de se ver.

Outro grande avanço foi passar a ser atendida diretamente pelo Food Service da Nestlé. Nossa maior trava produtiva continuava sendo o creme de leite. Não havia até então o creme de leite igual ao de lata e disponível em embalagens maiores, industriais.

Passamos, nós e o time da Nestlé, a desenvolver juntos esse projeto. Eram idas frequentes minhas aos escritórios em São Paulo, onde ficavam suas cozinhas experimentais, e vindas dos técnicos e engenheiros de alimentos, que se instalavam dentro da nossa produção para pesquisar e tentar desenvolver um creme idêntico e que se adaptasse ao nosso processo e necessidades. Quando isso finalmente aconteceu, passamos a ter disponíveis grandes bags de 20 kg. Quanta evolução e quanta agilidade se imprimiu em nossa rotina. Aumentamos bastante a produtividade.

Retorno aos estudos

Cada vez mais envolvida com o marketing da empresa, eu sentia falta de uma formação nessa área. Como sempre, eu ia desbravando os espaços intuitivamente, sem uma educação formal. Acho que ter um vocabulário e o entendimento real do assunto permitem que evoluamos muito mais. Sentia, por exemplo, que conseguiria argumentar com a nossa agência com embasamento e não empiricamente.

Assim, decidi me matricular em um MBA em Marketing na Fundação Getúlio Vargas. Ao invés de comprometer meus sábados, que eram dedicados aos meus filhos, optei por aulas noturnas.

Eram matérias que eu nunca nem tinha imaginado serem estudadas. Novamente fiz grandes amigos, mais jovens, que solidariamente me ajudaram a enfrentar o desafio de voltar para a sala de aula. Ajudaram-me muitas vezes na realização de grupos de trabalhos ou mesmo com palavras de apoio em algumas questões difíceis que começaram a surgir. Tratarei mais à frente dessas questões que me trouxeram novamente momentos de angústia, novas perdas e sofrimento.

Era extremamente prazeroso compartilharmos várias experiências profissionais de diferentes segmentos de mercado, pois quando se fala em marketing todas as empresas precisam saber usá-lo. Elas têm que vender mais, divulgar seus produtos, preservar a imagem institucional, fortalecer suas marcas, cuidar dos colaboradores com o endomarketing, investir na governança corporativa, fazer pesquisa e entender a fundo o mercado de atuação, ouvir os consumidores, gerir as submarcas e desenvolver novos produtos.

O curso novamente me ofereceu um desenvolvimento profissional incrível, já que eu frequentava as aulas com dedicação e interesse. Outra vez meus conhecimentos já eram aproveitados na empresa, pois a liberdade de executar me oferecia essa agilidade que não acontece quando você é colaborador ou executivo. Eu aprendia à noite e já me arriscava na manhã seguinte mesmo a implementar novas ações.

O mais difícil, como sempre, é a conclusão do curso, que envolve o projeto final. O famoso Planejamento Estratégico do Negócio, chamado então de PEN.

Ofereci ao meu grupo a oportunidade de estudarmos a Holandesa & Cia e tive o grande privilégio de termos o "PEN - Planejamento Estratégico de Negócios" feito com muita dedicação e centralizado nas necessidades do nosso negócio. No final, eu tinha um planejamento pronto para os 3 próximos anos da empresa.

Meus sonhos foram ficando cada vez mais ambiciosos. Eu desejava exportar, e para isso já tinha providenciado para que nosso site trouxesse todas as informações em 3 idiomas. Nossos produtos já eram colocados em alguns caterings de navios e aviões cargueiros e faziam muito sucesso. Em uma ocasião, um comandante belga, de folga em Campinas, resolveu passear e nos procurou através do endereço da embalagem. Em poucos dias, seria seu aniversário na Bélgica e gostaria de levar algumas unidades para celebrar lá com os amigos. Foi um sucesso e todos por lá se deliciaram com a novidade. Ficamos sabendo porque nos tornamos amigos e ele retornou mais algumas vezes nessa mesma rota de manutenção em Viracopos.

Também fornecíamos para empresas concessionárias, aquelas que trabalham dentro de grandes empresas, inclusive uma delas era responsável pelo atendimento do SBT, onde tivemos oportunidades de fazer degustações e apresentações aos funcionários e de quebra assistir a várias gravações de programas e conhecer algumas personalidades do meio artístico.

Vendíamos também para muitas redes de franquias (em algumas delas entregávamos produtos e rotulagens exclusivas), churrascarias, pizzarias, delicatessens, lanchonetes, cafés e para o grupo Pão de Açúcar.

Dentre os muitos sabores, me orgulhei muito da nossa linha Diet, homologada com o selo de qualidade da Associação Nacional dos Diabéticos (ANAD) e recomendada por médicos e nutricionistas. Para isso, organizei um extenso trabalho junto a esses profissionais em seus eventos exclusivos e direcionados a dietas com restrição alimentar.

Com o passar dos anos, já com uma postura de quem busca novas oportunidades de mercado, aprendi a liderar e a ter pessoas que se responsabilizavam pela rotina, enquanto comecei a me ausentar bastante do dia a dia da fábrica, participando de reuniões, eventos e degustações em diferentes regiões do país e nichos de mercado e implementando meus aprendizados na área de marketing.

Entrada em mercado super exigente

Um dos meus últimos projetos criativos esteve relacionado ao fornecimento de sobremesas para restaurantes mais exigentes, que servem sobremesas "empratadas". Eram restaurantes classe A/B. São lugares onde o cliente nem percebe que aquela sobremesa é terceirizada porque cada um pode colocar seu toque final, sua louça ou cerâmica.

Eu ia pessoalmente e criávamos juntos o que viria a ser aprovado dentro das possibilidades que eu disponibilizei exclusivamente para esse projeto. Eram produtos como profiteroles (carolina) recheados de creme, brownie de nozes, calda de chocolate e de frutas vermelhas. Eram apresentados em embalagens institucionais grandes que poderiam ser aquecidos e descongelados rapidamente em micro-ondas e servidos com uma linda apresentação em poucos minutos.

Não era nossa intenção inicial, mas grandes buffets também aderiram à possibilidade, visando a um melhor aproveitamento de mão de obra e agilidade nos serviços. Enfim, eu sempre desenvolvia essas iniciativas com o desejo de levar soluções e praticidade, bem como agregar muito valor ao cliente.

Eu me realizava muito nesses momentos em que podia estar em diferentes cozinhas, conhecendo pessoas, me relacionando de igual para igual com todos, do proprietário, maître e Chef aos garçons, cozinheiros e atendentes, pois entendia que sem o engajamento deles não chegaríamos ao objetivo final que era o de encantar seus clientes tão exigentes.

Eu buscava motivá-los, transmitir boa energia e tentava conscientizá-los da importância de serem um time unido. Falava da necessidade de não haver desperdício, não gerar perdas, ter atenção na comunicação com o cliente, e entender seu paladar para adequar à melhor sugestão. Da importância de o cliente sair satisfeito da casa. Falava muito também do quanto o preço está diretamente relacionado ao nível de satisfação do cliente!

Além dos produtos em si, eu transmitia conhecimento e realizava muito treinamento para as equipes deste canal.

E foi assim que consegui entrar em um nicho onde a indústria e suas sobremesas servidas em descartáveis não entrariam jamais.

Isso aconteceu no último ano em que estive à frente da fábrica.

Dores profissionais e pessoais

E uma grande mudança na minha história como empreendedora estava para acontecer. Foi quando o desejo de realizar uma grande guinada de vida surgiu na mente do meu sócio e, na época, marido.

Marcos reclamava de sentir muita pressão diariamente nas áreas administrativo-financeira, que, como já contei, eram lideradas por ele.

Sentia o desejo de fechar um ciclo. Acreditava que deveria fazer isso quando ainda estávamos no topo, no auge. Para ele, era a certeza de se fazer um bom negócio. Mais ainda, de ter tempo de aproveitar tudo que conquistamos gloriosamente.

Mas, na verdade, eu não queria acreditar que essa decisão seria realmente um caminho sem volta.

Traçou planos que consistiam basicamente em vender a empresa para poder passar mais tempo desfrutando a vida. Vender o negócio tornou-se sua prioridade. Foram anos onde reduziu sua dedicação às rotinas do dia a dia e focou-se na organização fiscal da empresa, nas tratativas e exigências dos candidatos que iam sendo prospectados como possíveis interessados em comprá-la. Ele sonhava e agia intensamente para realizar esse feito.

Penso que foi nesse exato momento que deixamos de sonhar juntos como um casal e o sonho por uma vida nova e diferente passou a ser só dele. Um momento em que nós, enquanto sócios, já não tínhamos mais os mesmos interesses comerciais, mas vivíamos nossas vidas pessoais e profissionais totalmente misturadas.

Posso afirmar que nenhuma das dificuldades vividas durante todo o período de construção da Holandesa & Cia foi mais difícil do que a de aceitar a sua venda. Eu não queria acreditar nessa possibilidade e, enquanto ele se dedicava à venda, que era o que eu não desejava, eu ia com mais afinco do que nunca em busca de novidades, de projeção e criação de novas oportunidades de negócios.

Eu tinha muito medo de que sem o seu envolvimento intenso na gestão das operações administrativo-financeiras pudéssemos sofrer algum retrocesso. Porém, eu não poderia "deixar a peteca cair". Essa fase foi um grande desencontro de ideais, sonhos e objetivos.

Nesse mesmo período, minha mãe adoeceu gravemente. Foi acometida de um mieloma múltiplo gravíssimo, que é um câncer de medula óssea de difícil diagnóstico e que traz dores fortíssimas na coluna.

Na verdade, o diagnóstico veio em 2001. Naquela época, não existia transplante de medula para maiores de 60 anos. Segundo os médicos, ela teria poucos meses de vida. Mas com sua personalidade única, enfrentou bravamente a doença. Com nosso amor e apoio, eu e meus irmãos não medimos esforços para confortá-la. Os netos também a enchiam de orgulho e foi assim que ela reagiu e conseguiu contrariar os prognósticos. Viveu os anos de 2002 e 2003 intensamente. Viajava, fazia novas amizades, aproveitava a companhia dos netos. Foi um período incrível de grande reconstrução de valores para mim. Descobri a força imensurável que habitava aquele corpo. Encontrei uma amiga maravilhosa, sensata, alegre e que explodia com tanta força que convergiam em energia, intensidade e alegria por viver.

Depois que me tornei mãe, consegui compreendê-la tão bem que nos tornamos muito mais próximas e emocionalmente muito dependentes uma da outra. Resgatamos um relacionamento de amor que nunca tivemos na minha infância e juventude. Conversávamos pelo telefone todas as noites. Ela sempre me incentivou, me fortaleceu e me ajudou em minhas dificuldades com meus filhos ou mesmo com as angústias que eu tinha no trabalho. Independentemente dos problemas, ela tinha palavras de apoio e ideias de soluções. Eu a acompanhava em todas as suas necessidades médicas. Nosso relacionamento era único, como eu gostaria que tivesse sido por toda a vida, mas pude entender que ambas precisávamos passar por muitos, longos e diferentes caminhos até estabelecer uma conexão tão profunda.

Ela me presenteou com o amor de muitas pessoas queridas e importantes que faziam parte de sua vida e que nos assumiram como família. Ela sabia como ninguém cultivar amizades e relacionamentos e, por conta desse temperamento, não ficou sozinha por nenhum instante sequer em toda sua trajetória em que lutava contra o câncer. Tratava o assunto com leveza e alegria. Me convenceu a comprar um jazigo no cemitério da Consolação em São Paulo. Ela mesmo escolheu o local. Argumentou que era de fácil acesso e que possuía uma árvore frondosa que fornecia uma deliciosa sombra. Ficou amiga dos funcionários do cemitério, visitou os túmulos de Monteiro Lobato, Marquesa de Santos, Tarsila do Amaral, Ramos de Azevedo, Mário de Andrade e tantos outros. Adorava falar que finalmente faria parte das tradicionais famílias paulistanas. Ela mesmo contratou e escolheu os materiais do tal túmulo e me pediu que exumasse seus pais em diferentes locais para que ali, junto dela, fossem depositados.

Em meados de 2004, a doença voltou, dessa vez mais agressiva e exigiu uma segunda fase de intensos tratamentos quimioterápicos. Tudo de novo, em um ciclo desgastante e cansativo que ela conseguiu driblar, mas não por muito tempo. Exatamente quando as negociações de venda da fábrica avançaram, ela piorou. Aí soubemos que não haveria muito mais a ser feito.

No momento certo, fomos eu e Marcos até Ribeirão Preto atender ao desejo de minha mãe, numa longa procura pelo local onde estaria enterrado seu pai, para que fosse exumado e colocado ao lado dela. Eis que depois de vencer muitas dificuldades, conseguimos finalmente chegar ao momento crucial, onde pudemos constatar que nada mais restava de meu avô depois de tantos anos. Eu fiquei extremamente nervosa, pois não poderia desapontar a mamãe. E insistia com o coveiro de que não era possível. Foi quando ele encerrou a questão colocando uma pá de terra na caixa destinada a abrigar os restos mortais que eu havia comprado, dizendo: "Do pó viemos e é ao pó que voltaremos. Toma aqui seu avô e entende logo isso, minha filha!"

E foi assim, com essa simplicidade de um homem tão humilde, que entendi tanto sobre a finitude da vida, a importância de nossos afetos e da simbologia dos aprendizados que nos marcam.

Na sequência vovó também foi exumada e igualmente se juntou a eles. Assim, senti que ela poderia descansar em paz junto de seus pais. Minha mãe e minha avó, as duas mulheres que me servirão de exemplo e foram forças de amor que me impulsionam a vida inteira, estariam juntas.

Quando vendemos a fábrica e eu a trouxe para nossa casa, com a desculpa de que passaríamos as festas de final de ano todos juntos.

Não tive coragem de compartilhar com ela esses últimos acontecimentos. Não queria que ela sentisse e possivelmente levasse consigo tanta decepção e tristeza. Ela tinha muito orgulho de minha trajetória e adorava esparramar essa alegria por onde passava, propagando meu sucesso e de minha empresa.

Foi muito sofrido viver essas grandes perdas em conjunto. Digo em conjunto porque a recaída dela aconteceu quando as negociações com o comprador definitivo chegavam à fase final. Foram duas perdas, sofridas lentamente. Sabia que não haveria cura, tanto quanto sabia que o Marcos não iria desistir de tentar encontrar o comprador ideal.

Um caminho que foi perseguido ao longo de dois anos de negociações que finalmente se concretizaram. Quarenta dias depois, mamãe nos deixou.

A contragosto, contrariada e à revelia! Nem tenho palavras para definir tudo o que senti naquele momento. Até o último dia de negociações, quando finalmente a venda se concretizou, eu não queria acreditar que o negócio iria mesmo dar certo. Para mim, a Holandesa & Cia era como um filho, idealizado e gerado com tanto carinho, lugar onde eu me realizava e colocava em ação a minha criatividade e paixão por cozinhar. Em nenhum momento passou pela minha cabeça a possibilidade de não vender minha parte, de resistir. Imagino que tenha sido isso que você, leitor, deve ter pensado nesse momento... do "por quê" concordei?! Não me sentia no direito de negar algo que Marcos desejava tanto. Éramos uma família e a minha parte na venda compunha os novos planos de vida dele.

O luto se misturava à frustração, de modo que eu já não conseguia compreender se toda a tristeza que então sentia um dia passaria.

Mas antes de falarmos como exatamente foi a venda da empresa, quero trazer para você, leitor, a minha visão sobre relacionamentos pessoais e profissionais e como consegui conciliar trabalho e vida pessoal ao longo de minha jornada empreendedora.

Capítulo XI

Capítulo XI

Quando vida pessoal e profissional caminham juntas

Nossa família cresceu dentro do ambiente profissional. Nunca tivemos uma fronteira bem definida entre vida pessoal, familiar e profissional. Todos os nossos amigos, familiares, colaboradores e parceiros de negócios sempre nos viram com muita admiração e respeito. Talvez por sermos incansáveis e tão dedicados ao trabalho. Eu e o Marcos nunca precisamos conversar e decidir o que cada um faria, quais seriam as nossas responsabilidades na empresa.

Desde sempre, os limites de atuação foram naturalmente estabelecidos. Eu não gostava das áreas-administrativo-financeira, de compras e da manutenção, que ficaram sob responsabilidade dele. Adorava estar de botas em meio à produção supervisionando, criando e acompanhando os processos e rotinas. Encontrava meu maior prazer nos momentos mais desafiadores e ao ter que desenvolver novos produtos e realizar melhorias naqueles que já existiam. Nunca precisamos discutir ou discordar. Talvez por termos a exata consciência da incapacidade de um exercer a expertise do outro.

Nunca me vi limitada em buscar conhecimento e ir ao encontro do que eu acreditava ser importante para meu desenvolvimento profissional. Sempre fui incentivada pelo Marcos, porque na verdade os meus estudos e aprendizados eram totalmente voltados aos interesses da empresa. Só agregavam cada vez mais qualidade e valor ao nosso negócio. Foram incansáveis idas a São Paulo para participar de aulas e eventos, além dos cursos realizados no Senai e na FGV.

Éramos ligados 24 horas por dia nos assuntos da fábrica, porque afinal estávamos tendo muito sucesso, inovando no mercado de sobremesas e os clientes desejavam mais e mais os nossos produtos. Quando não estava envolvida com as rotinas da produção no dia a dia, fazendo algum curso ou treinamento formal ou passando momentos com os meus filhos, dedicava o meu tempo a leituras técnicas. Eu, que sempre adorei um bom romance, nunca mais tive tempo para lê-los. Foi uma fase em que tive de eleger prioridades.

Talvez eu e Marcos só tenhamos tido divergências enquanto casal quando comecei a sentir que precisávamos equilibrar melhor nossas vidas familiar e profissional, e assim ter um pouco mais de momentos de lazer e férias.

Mas Marcos tinha dificuldades de se afastar da empresa e se preocupava excessivamente caso se ausentasse. Só tiramos férias de 15 dias uma única vez em dezessete anos, que foram interrompidas quando um de nossos caminhões foi roubado e retornamos antes mesmo de tê-las finalizado. Nossos descansos sempre se limitaram a rápidos finais de semana e algumas viagens em feriados prolongados.

Eu já trazia uma experiência negativa anterior nesse sentido e tinha vivido suas consequências. Quando me acidentei, não tive quem assumisse e me substituísse no Berçarte.

Para descentralizar, deleguei!

Por volta de 1996, quando a fábrica já tinha sobrevivido aos 6 primeiros anos tão árduos, percebi que nosso caminho já estava solidamente pavimentado. Sentia-me estabelecida no mercado e entendi que dali para frente teria que ser diferente. Precisava ter equilíbrio entre vida pessoal e profissional. Eu não iria colocar a nossa empresa dependente de mim. Um passo importante nesse sentido foi a contratação gradual de pessoas que pudessem liderar cada departamento e cuidar das áreas que cresciam rapidamente ou que estavam nascendo.

Novos profissionais foram chegando. Com encarregados e gerentes de produção, eu pude voar para as novas áreas, como o Marketing, e consegui cuidar da distribuição para todo Brasil.

Mas tudo foi acontecendo quase sem planejamento, sem estudos de mercado, sem pesquisas. Assumimos uma posição de liderança no mercado de Food Service, também chamado de Alimentação fora do lar, onde não havia espaço para retrocessos. Era seguir liderando, inovando e desbravando territórios até então nunca alcançados ou, do contrário, a concorrência iria nos alcançar e passar a tomar nossa participação de mercado.

Desde então, estabeleceu-se nas minhas áreas a cultura da autonomia e da descentralização. Queria um ambiente onde as pessoas se responsabilizassem e do qual se orgulhassem. Acreditava que o sentimento de pertencimento era a chave para que elas pudessem, no dia a dia, confiar, decidir e fazer acontecer. Acredito que, por meio do meu exemplo de dedicação que existiu desde sempre,tenha conseguido transmitir um modelo que preservava o capricho e a valorização do artesanal aliado à eficiência produtiva e à busca constante de melhores resultados.

Considerava o bom clima organizacional fundamental para que esses objetivos fossem atingidos. Dessa forma, meu olhar para o interno (colaboradores) era tão atento quanto para o externo (clientes e fornecedores).

Comemorações em família

Sempre tratamos os nossos colaboradores com respeito, carinho e atenção, não medindo esforços para que o ambiente de trabalho fosse harmônico e feliz.

Nos finais de ano, proporcionávamos grandes confraternizações com eles e seus familiares. Eram momentos de celebração que, conforme crescíamos, deixaram de ser na nossa fábrica e passaram a acontecer em restaurantes e posteriormente em amplos espaços como hotéis-fazenda da região. Eram dias inteiros de descontração e alegria. Juntos celebrávamos mais um ano de grandes resultados.

Eu me preocupava constantemente em como me relacionar com os colaboradores de forma humana, para que se sentissem importantes e fundamentais para nosso sucesso, mesmo mantendo os limites de responsabilidade, comprometimento e respeito tão necessários. Confesso que uma das dores do crescimento é encontrar esse equilíbrio nas relações interpessoais e hierárquicas.

Sempre fui uma pessoa muito criativa e nessas relações isso nunca foi diferente. Sempre gostei de proporcionar dias especiais em que poderia demonstrar meu reconhecimento. Eram ações isoladas que visavam surpreendê-los. Até hoje sou assim, quando menos esperam tenho "iniciativas relâmpagos" que me deixam excitada porque quase sempre envolvem o fator surpresa. Nas vésperas do Dia das Mães, por exemplo, eu conspirava com 2 ou 3 para me ajudarem e preparávamos um almoço especial para homenageá-las. Outra vez surpreendemos com um lote de uma torta completamente nova para presentear as mães dos colaboradores. Até mesmo quando uma demanda extra surgia, convidávamos quem gostaria de fazer o mutirão de hora extra no sábado, porque na sequência teríamos churrasco com karaokê que eu providenciava rapidamente.

Porque ser criativa, no meu caso, não significava apenas criar deliciosas sobremesas para serem fabricadas. Ia bem além. Precisava diariamente me desafiar para ser uma líder melhor e para encontrar formas criativas de viabilizar processos de fabricação, buscar soluções inteligentes que viabilizassem custos de fabricação, distribuição e marketing. Encontrar caminhos possíveis na resolução de problemas, exposição de produtos, embalagens e no atendimento ao consumidor.

Locomotiva

Uma vez, quando já estávamos bem mais evoluídos, com regras bem rígidas na questão de visitação à fábrica, minha mãe me pediu para abrir uma exceção e receber uma pessoa muito bem recomendada por ela. Em atenção ao seu pedido, assim o fiz. A tal pessoa era um jornalista que desejava acompanhar um dia do meu trabalho.

Fui retratada positivamente, comparada a uma locomotiva, pois minha habilidade e desenvoltura em administrar o tempo, controlar e acompanhar vários processos e detalhes de diferentes áreas o impressionou muito.

Meu dia parecia ter 48 horas. No final da tarde já me transformava na mãe que gostava de ir pessoalmente acompanhar os filhos nas diferentes atividades, como natação, balé, inglês e futebol.

Participava intensamente das atividades escolares, íamos juntos às compras e me desdobrava para que minha dedicação profissional não prejudicasse o tempo de qualidade para estar com as crianças e para cuidar de nossa vida familiar.

Contei ainda para o jornalista um pouco sobre como eu conduzia o relacionamento com os nossos parceiros e distribuidores. A cada nova negociação que se abria com alguma rede de franquias que queria introduzir nossas sobremesas em seu portfólio, imediatamente eu começava meu trabalho, antes mesmo da primeira reunião, e com intensa dedicação começava a analisar a força da marca, a visitar suas lojas, perceber sua cultura, conhecer suas estratégias no mercado, ou seja, passava um bom tempo estudando a empresa como um todo. Era o que eu chamava de "namoro". Dessa forma, eu já desenvolvia nosso relacionamento construindo uma relação de confiança e consequentemente oferecendo a solução ideal. Eu literalmente me apaixonava por cada novo projeto. E como em todas as relações construídas com amor, eles cresciam e prosperavam. Muitas vezes a relação de namoro se prolongava, virava algo próximo a um noivado ou a um casamento propriamente dito. A fidelização dos clientes era resultado do intenso trabalho de alguns anos. Fornecer sobremesas para grandes redes de alimentação é um processo que demanda toda essa habilidade.

Muitas vezes a demanda era para desenvolver algo exclusivo. Um projeto que só acontece mesmo se houver uma grande paixão. Minha capacidade em criar um produto novo era resultado de uma vida de atenção contínua ao mercado.

Lazer e profissional de mãos dadas

Explicando melhor, eu "respirava" inovações e tendências o tempo todo. Tudo me interessava, inclusive nos meus momentos de lazer, de viagens e até mesmo na rotina doméstica. Quando ia ao supermercado, antes mesmo de fazer a compra habitual de casa, eu já estava lendo rotulagens, associando fabricantes a produtos, observando prateleiras e freezers na sessão de sobremesas.

Vivia mergulhada nesse universo da alimentação. Inteirava-me de absolutamente tudo que acontecia e procurava conhecer e me relacionar com todos dessa área.

Em uma ocasião, estávamos no Rio de Janeiro visitando meu pai e levamos as crianças para passear de bondinho no Pão de Açúcar. Na base do local tinha uma sorveteria cuja marca era bem famosa na cidade. Perguntei à vendedora qual, entre tantos sabores, era o "carro-chefe", o campeão de vendas. Ela me respondeu prontamente que era o de "figo com nozes". Delicioso, uma combinação incrível.

Experimentei e imediatamente já me veio a torta pronta na cabeça!

Não foi tão fácil. Foram vários ensaios para se construir o equilíbrio perfeito do creme holandês com uma pasta de figo exclusiva conseguida em uma fábrica de doces que viria a ser uma grande parceira de negócios, de Águas de Lindóia. Chegamos ao ponto de doçura (ou dulçor?), acidez e cremosidade juntas.

Nem sempre o produto atinge um preço competitivo para o mercado que se pretende atender. Eu não renunciava à qualidade. O projeto ficou inviabilizado e engavetado até o dia em que uma importante rede que atende o Brasil inteiro me pediu algo exclusivo para compor seu portfólio sazonal. Era o Dia das Mães. Foi quando sugeri a "torta de figo com nozes". Foi uma edição limitada de 500 unidades.

Produzimos e vendemos um único lote que se esgotou. Um sucesso de vendas.

A rede distribuía com muita visibilidade. Negociei que nossa marca iria como fabricante ao lado da deles. Sabia que, mesmo com baixa lucratividade, teríamos a exposição que eles fariam. Isso era uma estratégia de marketing que mesmo sem ainda ter estudado, eu já fazia muito bem.

Recentemente, depois de mais de 15 anos desde que vendemos a nossa empresa, recebi uma mensagem no meu Instagram em que a pessoa se dizia muito feliz por ter me encontrado e que tinha em sua memória uma torta maravilhosa que comeu uma única vez e nunca mais a encontrou. Surpreendentemente, era essa. A filha única de figo com nozes. Isso me comove. Saber que deixei registrado no paladar, nem que seja de uma única pessoa, uma doce memória gastronômica.

Durante muitos anos, adotei o hábito de desenvolver algo exclusivo para presentear meus "clientes-chave" no Natal. Para mim, os clientes mereciam ser tratados como se fossem de nossa família, pois era por meio deles que prosperávamos. Nunca saiu da minha mente o pensamento de que cliente satisfeito permanece ao nosso lado por muito tempo. É muito mais inteligente e lucrativo você cuidar com carinho de sua carteira de clientes, realizando esforços para fidelizá-los e mantê-los a longo prazo, do que ficar numa roda-viva eterna de perda e conquista de novos clientes, o que custa caríssimo para a empresa e drena muita energia.

Eram clientes que se transformaram em grandes parceiros. Meu raciocínio era de que se tratava de pessoas habituadas a ter acesso a tudo de melhor que o universo gastronômico proporciona. Para o produto ser valorizado, ele precisava ser exclusivo, único. A ideia era de que levassem para suas casas e compartilhassem com suas famílias algo inédito, acompanhado de uma mensagem linda, profunda e sempre pertinente ao cenário do momento que estávamos vivendo. Eram proprietários de importantes redes de empórios gastronômicos e franquias, diretores, gerentes e maîtres. Era uma lista que envolvia também alguns clientes nem tão importantes assim, mas que me acompanharam desde o início, sendo verdadeiros embaixadores da marca.

E assim foram várias ideias que iam surgindo a cada ano e que repercutiam positivamente reverberando no novo ano inteirinho. Nem sempre era uma torta. Recordo-me de um bolo inglês de Natal acompanhado de um vidro de caldas de frutas. Eu já imaginava a apresentação do presente, a caixa, os laços que embalariam com carinho o produto.

Providenciei tudo. Bolos prontos. Com o tacho de cozimento da fábrica congestionado pela grande produção de Torta Holandesa, pois era final de ano, resolvi fazer sozinha, na minha cozinha experimental mesmo.

Eu tinha ganhado de uma amiga um lindo e grande tacho de cobre, que estava ali enfeitando a bancada e resolvi usá-lo. Fui ao mercadão da Cantareira atrás de frutas selecionadas, e assim foi tudo para o tacho, exalando por toda a fábrica um aroma incrível com um visual deslumbrante. Calculei a quantidade exata de vidros que seriam necessários.

Tudo perfeito até que, na manhã seguinte, quando ia embalar nos vidros já esterilizados, resolvi provar; e foi quando senti um sabor totalmente estranho, que não consegui identificar. Não estava estragado. Chamei a engenheira de alimentos, a técnica encarregada da produção, minha secretária, e ninguém entendia ou mesmo conhecia tal sabor. Enigma total. Liguei para minha mãe, que era minha fonte de informações e ajuda para todas as áreas, que imediatamente me perguntou: "Mas você preparou o tacho de cobre antes de usar???" Era isso mesmo: antes de ser usado pela primeira vez, o tacho precisava ser esfregado com muito limão. Eu não sabia disso. Toda aquela maravilha estava "azinhavrada". Não era azedo nem amargo. Era "azinhavrado".

Aprendi errando. São histórias que marcam. É claro que refiz a receita porque eu jamais desistiria de uma ideia pré-concebida. E, obviamente, de colecionar mais um sucesso criativo entre tantos.

Influências positivas

Não estou bem certa de que criatividade se transfere geneticamente, mas me lembro de um momento em que meu filho ainda bem jovem se revelou na gastronomia! Vivíamos uma fase de grande ascensão, que coincidiu com o início de sua adolescência. Danilo sempre foi irreverente e competitivo. Impressionava-nos por sua destreza e inteligência.

Em uma tarde, Danilo resolveu pesquisar uma sobremesa que eu não soubesse fazer e que nossa fábrica não comercializasse. Encontrou um belo cheesecake que veio ao encontro do seu paladar, que sempre adorou queijos.

Desde muito cedo, ele mostrava certa independência. Acho que a intenção do seu gesto era a de me surpreender, ou talvez me superar. Com suas economias, foi a um supermercado próximo de nossa casa e providenciou os ingredientes necessários e preparou o melhor cheesecake que podíamos imaginar que ele fosse capaz de fazer. Ao chegar, fiquei muito encantada e feliz com essa surpresa.

Danilo foi o filho que mais se envolveu com esse aprendizado. Os anos passados longe de casa para cursar a faculdade de medicina o favoreceram nesse sentido, pois agradava os amigos com seus preparos, bem como porque precisou se virar longe dos privilégios que tinha em casa.

Tornou-se um expert não só em sobremesas, fazendo parte de um restrito grupo de pessoas que realmente sabem preparar uma Torta Holandesa perfeita, mas com tudo que vê e deseja experimentar. Agora, já adulto, tornou-se um gourmet crítico e exigente, que adora realizar suas experimentações! Já Renata, minha filha, apesar de nunca ter se interessado pelo aprendizado culinário, é uma fã incondicional de nossa história. Uma incentivadora constante. Sempre foi muito sociável e bem relacionada.

Não foi à toa que escolheu a carreira de Relações Públicas. Sempre adorou divulgar a Torta Holandesa com muito entusiasmo nos seus círculos de amizade e trabalho.

Uma ocasião, quando ainda era bem pequena, chegou em casa chorando depois da escola. O motivo foi que um coleguinha zombou dela, duvidando de que sua mãe teria inventado a Torta Holandesa, e rindo disse que a mãe dele então teria inventado o brigadeiro. Ela ficou muito chateada porque passou por mentirosa perante a turma. Adivinhem... no dia seguinte, com meu apoio, ela foi munida de provas para a escola. Levou artigos e fotos para confrontar o colega e exigir suas desculpas. Essa é a nossa Renatinha. Uma líder nata, que se equilibra entre a sensibilidade e uma personalidade firme e determinada.

Percebo que assimilou grande parte do meu espírito de liderança, profissionalismo e de amor ao trabalho. Demonstra muita generosidade, interesse e dedicação. Envolve-se em cada novo desafio no trabalho com a mesma garra de quando começou como estagiária dez anos atrás. Hoje, já adulta, ela "dá um google na hora" e resolve qualquer problema.

Minha mãe nos deixou quando meus filhos tinham 12 e 13 anos. Foi uma avó apaixonada pelos netos.

Ela chamava nossa Renatinha de espanholinha, porque, ainda bem pequena, já se mostrava impetuosa, amiga e fiel.

Observá-los adultos me dá a certeza de que segui pelo caminho certo. Sei que muitas vezes sentiram falta de minha presença física ao longo da infância e juventude. Mas meus propósitos se justificaram e sou muito grata pelos seres humanos que se tornaram.

Eu sempre tive por hábito envolvê-los no nosso trabalho, contando as histórias, relatando os fatos e permitindo que participassem. Entendia ser essa uma maneira de aproximá-los da nossa realidade.

Sendo assim, quando já tinham capacidade, nos ajudavam muito nas férias escolares com pequenas e possíveis atividades, apenas para que pudessem estar próximos de nós.

Essa era uma das formas que eu encontrava para nos unirmos e poder trazê-los ao nosso convívio solidariamente, pois suas férias coincidiam com as festas de final de ano, quando a produção aumentava muito pela imensa demanda com as festas de confraternização das empresas, Natal e Ano Novo.

Vamos falar, finalmente, no próximo capítulo, sobre a venda da Holandesa & Cia.

Capítulo XII

Capítulo XII

Perdas e mudanças, uma nova vida em construção

No final de 2005, quando a Holandesa & Cia foi vendida, meu mundo desabou novamente.

O universo das sobremesas que construí ao longo de 16 anos terminou com a transação de aquisição de nossa empresa por uma empresa também do setor alimentício. E foi um desafio enorme entender que mais um ciclo tinha se encerrado.

Marcos ficou contente com a celebração do negócio. No dia seguinte às assinaturas finais, ele não se envolveu mais com a Holandesa & Cia.

Quanto a mim, ainda permaneci trabalhando na empresa por um curto tempo atuando na transição e tratando das negociações já existentes, além de cuidar ainda da adaptação do meu pessoal com a nova direção.

Tal qual uma mãe preocupada que leva seu filho para a escolinha pela primeira vez e quer ficar junto dele nos primeiros dias como se ele não fosse sobreviver na sua ausência, fiquei por mais um período na empresa, até perceber que não fazia mais sentido estar ali. E foi assim, sem despedidas, que encaixotei meus livros e objetos pessoais e em menos de 15 minutos deixei o lugar que era praticamente minha extensão pessoal e meu palco onde brilhei tanto.

Não tenho o perfil de pessoa que se senta e sofre. Muito menos de ficar vivendo com a cabeça no passado. Toda a minha narrativa até aqui já deixou bem claro qual a minha personalidade. Mas confesso que dessa vez foi bem difícil. Foi muito sofrido, mesmo porque a empresa era um pilar importantíssimo em minha vida: ali eu me realizava profissionalmente e podia exercer a minha criatividade, além da segurança material que ela nos proporcionava. E não foi uma decisão digamos "divina" que só me restava aceitar. Foi algo conscientemente planejado.

Por alguns meses, ao dirigir, várias vezes me peguei com o pensamento tão distante que me via de repente chegando aos portões da fábrica. Assustada eu acelerava, impressionada com a dificuldade que meu inconsciente estava em entender que aquela não seria mais minha direção. Nunca mais.

Confesso que alimentei uma expectativa bem grande de conseguir me manter no negócio, como contratada. Era um modelo que eu já tinha visto acontecer em outras aquisições, tendo em vista que o que eu mais queria era apenas ser remunerada para continuar à frente da área de desenvolvimento de produtos. De todas as áreas da empresa, esta era aquela em que os novos donos menos teriam condições de atuar e era justamente a que eu mais gostava e me realizava.

Na verdade, essa possibilidade foi ventilada pelos compradores, imagino que apenas com o objetivo de fazer com que eu facilitasse um pouco mais as negociações. Em alguns momentos, as negociações tornaram-se desafiadoras, principalmente quando eu deixava bem claro o quanto discordava em muitas questões e exigências.

A gota d'água que levou à formalização da venda

Estávamos já no fim de novembro, em uma reunião final designada apenas para as últimas considerações e para a assinatura contratual, quando Marcos cedeu além do que eu gostaria, no ímpeto de finalizar logo as tratativas que já se arrastavam há muito tempo. Pela primeira vez eu me posicionei firmemente contra aquela decisão. Depois de algumas horas em um escritório que não era o nosso, me levantei com um escancarado ar aborrecido, definindo que deveríamos suspender a negociação e só retomar no próximo ano. Tendo em vista o aumento considerável do fluxo de vendas que teríamos no mês de dezembro, eu preferia que ele fosse computado nos resultados da nossa gestão. Foi o gatilho necessário para que todos assinassem muito rapidamente, o que concretizou o fechamento do negócio de uma vez por todas. Naquele momento ficou claro para mim o quanto eles realmente desejavam realizar essa compra e o quanto eu estava infeliz por minha atitude intempestiva ter sido em vão. Pelo contrário, minha atitude fez com que tudo fosse rapidamente selado.

Eu realmente gostaria de ter seguido crescendo como líder no segmento e continuado a vencer todas as tempestades que empreender significava enfrentar. Resolver os problemas e explorar novas oportunidades, apesar do desgaste que me causavam num primeiro momento, sempre foram combustíveis que me puseram para frente e me levavam a buscar ser uma profissional melhor. No instante da venda, isso ficou ainda mais claro: era a superação de grandes desafios uma das coisas que mais me realizava como empreendedora.

Enfrentar os diferentes planos monetários do país, as crises de energia elétrica, as concorrências desleais e tantos outros desafios me fortaleciam e me impulsionavam a me preparar mais, inovar mais e executar melhor.

Por contrato, aceitei não exercer concorrência em um mercado onde eu era extremamente reconhecida e respeitada. Seriam 7 anos sem poder trabalhar na fabricação de sobremesas. Eu já não sabia mais fazer outra coisa profissionalmente.

Fiquei profundamente triste. Era uma perda tão grande que foi necessária uma revolução interior imensa para encontrar forças e acreditar que seria possível me reinventar novamente.

Apesar de terem sido dois anos em negociações para a venda da nossa empresa, eu não havia me preparado emocionalmente para isso. Pelo contrário, eu acreditava que tinha muito ainda a contribuir e continuaria tocando os setores que eram liderados exclusivamente por mim.

Não conseguia me engajar nos novos projetos de vida sonhados por Marcos: ele queria uma vida mais tranquila, sem preocupações, com poucas horas dedicadas ao trabalho e mais focada em desfrutar os prazeres e confortos que a abundância financeira pode proporcionar. Entretanto, eu era muito feliz com tudo que tínhamos conquistado e me fazia muito bem o dia a dia de trabalho intenso na empresa. Eu desejava permanecer na rotina que construímos ao lado de nossa família e continuar empreendendo.

A separação e o desejo de continuar trabalhando e empreendendo

Eu e Marcos nos separamos 6 meses depois da venda da Holandesa & Cia. Cada um seguiu seu caminho. Entendemos que queríamos dali para frente estilos de vida diferentes e achamos por bem seguirmos voos-solo. Independentes. Dizem que quando voamos juntos chegamos mais longe em nossos objetivos. Eu não teria construído a Holandesa & Cia sozinha, mas compreendi que precisava começar uma nova vida. Arregacei as mangas mais uma vez, levantei a cabeça, respirei fundo e me pus a refletir: "E agora? O que mais é possível? Para qual direção vou levar minha vida? O que vou fazer daqui em diante que me traga estabilidade, bem-estar e felicidade?"

Aos 47 anos eu me sentia cheia de energia e desejava muito continuar tendo uma vida profissional produtiva. Decidi que precisava aproveitar e explorar todo o conhecimento que havia adquirido por todos esses anos na área de alimentação.

Por outro lado, senti uma enorme necessidade de investir em algum negócio sólido que me trouxesse estabilidade imediata. Talvez fosse porque éramos agora três, tinha dois filhos. Eles ainda dependiam muito de mim, não só financeiramente como também emocionalmente. E eu já não era mais tão jovem.

Apesar de ter uma boa autoconfiança, não queria arriscar em um novo negócio, porque teria que ser em outra área que não fosse a de sobremesas, o que me exigiria intensos e novos aprendizados e eu teria de viver o mesmo ciclo, construindo quase tudo do zero. Ponderei que eu não tinha mais a paciência, a energia e o tempo necessários para uma empreitada completamente nova.

Queria seguir trabalhando sem precisar dar grandes guinadas de aprendizado. Ficaria cansada se recomeçasse do zero. Queria fazer algo que me proporcionasse resultados mais rápidos e sair do marasmo que me consumia por não estar trabalhando. Enquanto muitos desejam e aproveitam bem um período sabático, era a última coisa que eu buscava naquele momento. Criar receitas, me relacionar com os clientes, desenvolver novos mercados e participar de feiras me traziam grande felicidade. Eu precisava voltar à ativa o mais rápido possível.

A consultoria e a entrada no universo dos chocolates

As pessoas mais próximas me diziam que eu poderia explorar meu potencial por meio de consultorias.

E foi assim que, com a ajuda de um amigo publicitário, criei uma marca: a "SL Marketing em Alimentação e Gastronomia".

Acabei com meu quarto de hóspedes, que refletia o vazio deixado por minha mãe, que ali ficou na sua fase final sob meus cuidados. Eu não precisava mais dele. Transformei-o em um charmoso e funcional escritório onde passaria a trabalhar em casa quando não estivesse em campo.

Passei alguns meses estruturando a minha nova empresa. Desde a parte mais burocrática até a organização da minha metodologia de trabalho e o preparo de materiais. Dediquei-me. Pesquisei e formatei o negócio de uma forma que me deixou satisfeita.

Meu objetivo era realizar treinamentos na área de qualidade para empresas de alimentação. Ajudar os clientes na criação e na propagação da cultura organizacional voltada para a qualidade e para a satisfação de colaboradores, clientes e fornecedores. Queria também trabalhar com a parte prática que envolvia métodos de fidelização de clientes, já que na época não havia CRM* nem estrutura para isso. Era tudo feito personalizado e manualmente. Acreditava muito também nas campanhas internas de incentivo e reconhecimento de colaboradores.

É muito mais fácil para os restaurantes e negócios de alimentação trazerem um olhar externo do que tentar formatar tudo isso sozinhos.

E assim foi que conquistei meu primeiro cliente. Uma rede de franquia novata com poucas unidades e muito espalhadas. Um crescimento feito sem planejamento e por conveniência.

Por total ingenuidade, assinei um contrato que na prática não se cumpriria. Eu tinha muita dificuldade em negar ajuda por excederem as horas acordadas; era a minha natureza impulsiva que trabalhava para o cliente como se o negócio fosse meu. Errei bastante por não conseguir impor limites e não saber dizer não. Eu tinha organizado meu tempo com a ilusão de que conseguiria atender cerca de 20 clientes com a mesma carga horária de 20 horas mensais. Financeiramente corresponderia ao que tinha entendido para aquele momento ser o meu valor. Mas todo o meu tempo fora absorvido com o primeiro e único cliente conquistado. Talvez o momento de forte ebulição emocional que vivia tenha contribuído para a situação que se criou.

Paralelamente eu já costumava frequentar as feiras da Associação Brasileira de Franchising (ABF), e no ano anterior eu havia visitado o estande da Kopenhagen, que estava se expandindo pelo interior de São Paulo. De imediato, era a única marca que me entusiasmava.

Nessa época os territórios eram mais exclusivos e bem definidos. Recebi um "não" de cara. Eu morava em Campinas e os franqueados da cidade tinham preferência na expansão.

O "não" para mim sempre soou como um desafio. Quando eu realmente quero algo e sinto minha voz interior me dizer que esse é o caminho, eu corro atrás do "sim" e faço acontecer.

Foi a partir de então que comecei a querer muito empreender como franqueada da Kopenhagen.

Cansados de minha insistência, resolveram me oferecer a cidade de Valinhos, por ser próxima. Aceitei de imediato, por meus filhos já estudarem na cidade e eu já ter desenvolvido certa afeição pela região.

Meu raciocínio foi o de dar uma "repensada" nas minhas atividades de consultoria. Primeiro eu me apego no certo, no estável, e calculei que com mais ou menos um ano eu já estaria em condições de delegar mais a operação da loja e voltaria a me dedicar totalmente ao projeto da consultoria, só que com uma ajuda mais racional na elaboração do bendito contrato.

Foi assim que parti para o projeto de ter uma loja de chocolates!

*CRM significa Customer Relationship Management ou Gestão de Relacionamento com o Cliente.

Trata-se de um sistema para registro de todos os pontos de contato de uma empresa com seus clientes.

Capítulo XIII

Capítulo XIII

Chocolate para enfrentar novos desafios

Valinhos não tinha a cultura de ter um shopping center. Essa já seria a primeira questão a ser enfrentada. Contrato fechado, eu teria ainda alguns meses até a obra ser entregue. Foi um período em que frequentei obsessivamente todas as lojas Kopenhagen dos locais que me eram possíveis.

Eu sabia que dar uma guinada da indústria para o comércio varejista exigiria novos aprendizados. E já comecei a mergulhar em todos eles antes mesmo de ter minha loja inaugurada.

Visitava lojas na região de Campinas; na capital paulista; no litoral de São Paulo, onde passava alguns finais de semana; em Joinville, quando então visitava minha amiga Mara. Íamos a Curitiba só para conhecer as lojas de lá também. E Brasília com minha irmã e sobrinhas.

Observava o movimento e tentava entender o negócio. Em algumas lojas eu era bem recebida e seguia "costurando" uma colcha de retalhos, somando informações e dicas de diferentes cidades e estados. Com humildade, sabia que iria precisar de ajuda. Cada ramo tem suas especificidades e eu ansiava por desvendá-las.

Inaugurei a loja de Valinhos praticamente junto com a inauguração do Shopping, exatamente um ano após minha separação. Éramos apenas três negócios prontos e funcionando em meio a obras e um supermercado no piso inferior. Foi um grande desafio me ocupar com a gestão financeira da loja.

Também não estava acostumada a resolver problemas de manutenção.

Eu precisava vencer o medo de lidar com fluxo de caixa, conciliação de recebíveis e tantos pagamentos que envolviam o investimento inicial e os que já precisava efetuar desde o início da operação.

Para realmente chamar a atenção da comunidade, resolvi fazer uma inauguração bem especial. Entreguei 150 convites para todas as autoridades locais de Prefeitura e Câmara, diretoria do conceituado Colégio Porto Seguro, futuros lojistas e outras personalidades. Um seleto grupo de amigos também vieram me prestigiar e trazer boas energias.

Era uma grande novidade para a cidade ter um shopping center e ainda por cima uma loja da Kopenhagen. Ofereci nessa inauguração 10kg de diferentes chocolates e muito vinho espumante. Queria que aqueles primeiros consumidores fossem marcados pelo nosso delicioso sabor. Foi dada a largada para um novo ciclo empreendedor que eu não imaginava que seria tão desafiador.

A equipe inicial de vendedores que contratei e foram treinados durante uma semana em São Paulo e que depois visitaram a fábrica naquela época ainda em Barueri-SP, para conhecer os processos, dissolveu-se nos três primeiros meses. Por diferentes motivos. A dificuldade com transporte, por ser uma rota nova com poucos horários de ônibus, a extensa jornada de segunda a segunda que se estende até as 22 horas, e principalmente minha falta de experiência com o comércio. Não consegui formar alguém que pudesse confiar no primeiro ano para dividir responsabilidades. Eu queria dominar a rotina para poder então delegar, mas não encontrava a pessoa certa.

A primeira Páscoa foi um desastre. O shopping, que já deveria estar com a maioria das lojas abertas nessa época, continuava com muitos espaços desocupados mesmo depois de 8 meses da inauguração.

A área externa continuava inacabada, com tapumes, passando a impressão de uma obra abandonada.

O projeto inicial era de um "open mall", ou seja, um shopping pequeno, todo aberto, mas que, apesar de bonito, era inviável, pois trazia para nossas vitrines a incidência direta do sol derretendo nossos chocolates, e a chuva, que, dependendo da direção do vento, adentrava a loja. Era um caos. Ao longo dos primeiros anos o Shopping Valinhos foi sendo parcialmente fechado e adaptado às necessidades dos lojistas e seus públicos, e finalmente expandido, dobrando de tamanho, o que aumentou razoavelmente o fluxo diário de pessoas.

Segundo o projeto arquitetônico da marca, no meio dos pisos de porcelanato havia um pedaço que era então chamado de "tapete de madeira". Era como se alguns pisos de porcelanato tivessem sido substituídos por madeira. Dava um charme e quebrava a frieza visual do piso. Mas, com a umidade constante devido às chuvas, as madeiras dilataram e em plena Páscoa, com a loja bem cheia de pessoas, a pressão estourou o piso fazendo com que o porcelanato ficasse todo danificado. Ou seja, eu me via apagando incêndios e resolvendo problemas o tempo todo. Não conseguia dar atenção ao mais importante que seriam meus clientes e ter foco nas vendas.

Nessa Páscoa sobraram muitos ovos. É a data sazonal mais importante, que corresponde a cerca de 35% do faturamento anual de uma loja de chocolates. Esses desajustes iniciais são comuns, já que ainda não temos um histórico de vendas e ainda não conhecemos bem as características regionais e as preferências do público-alvo. Cada loja tem suas especificidades. Essas dificuldades são um aprendizado que custa bem caro e que acontece ao longo dos primeiros anos.

Eu também ainda não havia me acostumado a trabalhar com tantas regras como o sistema de franchising exige para que seja padronizado nacionalmente. Ser franqueado implica aceitar o tempo todo que outras pessoas pensarão por você. Sua criatividade vai se resumir a criar métodos de como fazer para que toda sua equipe compreenda a importância das regras e fazê-las serem cumpridas. São auditorias frequentes para a avaliação do cumprimento e realização dessas normas, visando a uma excelência operacional padronizada.

Aos poucos fui me engajando, sempre que possível, em grupos de franqueados formados para representar a rede junto à franqueadora. Foram várias representações regionais e grupos focais de marketing, sempre com o objetivo de disponibilizar minha expertise para o bem da marca.

Depois dessa minha primeira Páscoa, realizei as perdas entendendo que fazia parte do meu aprendizado enquanto nova empreendedora no mercado de franquias. Na semana seguinte, já providenciei as doações para instituições locais e virei a página sem sofrer ou remoer o prejuízo.

É importante destacar que os primeiros meses ou até mesmo o primeiro ano de um novo negócio precisa ser considerado um período em que você terá muitos aprendizados e que há uma grande chance de errar mais do que acertar. Assim, não se descuide de ter caixa suficiente para sustentar pelo menos o primeiro ano das operações, já prevendo que vários desafios irão acontecer.

Seguiram-se meses de muito trabalho, em que precisei dedicar incansáveis finais de semana, pois as colaboradoras não se comprometiam com horários, faltavam e criavam dificuldades diversas. Além disso, eu enfrentava outras dificuldades típicas de alguém inexperiente no comércio. Eu acreditava que, por sermos poucas pessoas trabalhando, poderíamos nos entender e flexibilizar a carga horária a ponto de organizar uma escala de trabalho viável para todos, atendendo as necessidades pessoais de cada uma com nossos horários de funcionamento e sazonalidade. Logo vieram algumas ações trabalhistas que me trouxeram o entendimento de que, mesmo prejudicando muitas vezes o próprio funcionário, a legislação trabalhista tinha de ser seguida à risca, independentemente do tamanho da empresa.

Perda da casa

Em fevereiro de 2009, 18 meses depois, tivemos uma convenção que aconteceu em um cruzeiro. Foram 3 dias de muitas interações, momentos de novos aprendizados e muita diversão. Adorei a experiência de estar com franqueados de todo Brasil e estabelecemos fortes vínculos de amizade que mantemos até hoje. Franqueados de Norte a Sul do país, que se ajudam e se apoiam no dia a dia dos negócios. Ao retornar, vivi mais um momento pessoal bastante difícil.

Eu não podia acreditar que era verdade. Minha rua em Campinas, onde nossa casa se localizava, estava interditada pela defesa civil. Uma adutora da Cia de Águas e Esgotos da cidade havia se rompido em uma viela bem nos fundos de casa.

Por sorte não havia ninguém no momento, mas uma imensa cratera se abriu nos fundos, trazendo para o interior de nossa casa muita água misturada a barro e piche, que ficou represada por algumas horas e atingiu uma altura de 1,80 metros.

Perdi absolutamente tudo que ficava no piso inferior. Todos os móveis e eletrodomésticos da sala e área de lazer, home-theater, cozinha e lavanderia, e meu novo escritório. Absolutamente tudo foi perdido. Todos os meus materiais de consultoria e toda documentação pessoal e familiar que envolve desde escrituras, contratos, passaportes e vistos, procuração, inventário, enfim tudo de nós três.

Acabaram-se meus jardins tão bem cuidados, minhas flores, meus livros de gastronomia colecionados por toda uma vida, nossas fotos e filmes de família, meus presentes de casamento, meu enxoval de mesa. Tudo.

Com a ajuda de minha família, uma semana depois, já mudava para Valinhos e deixava a casa, onde eu acreditava que viveria para o resto de minha vida, interditada e totalmente destruída.

Nessa ocasião, minha sobrinha e afilhada Marilia me presenteou com uma caixinha de madeira que permanece até hoje em cima da minha mesa de trabalho. Na tampa está escrito um poema de Guimarães Rosa: "A vida é assim. Esquenta, esfria. Aperta e daí afrouxa. Sossega e depois desinquieta. O que ela quer da gente é coragem."

Foi um exercício de desapego material inexplicável. Foram 6 meses resolvendo problemas e refazendo documentos. E comprando tudo de novo. Um novo ciclo que chegou exigindo muito. Novamente.

A loja de Vinhedo

Exatamente dois anos depois, recebi da franqueadora a oportunidade de abrir uma nova loja na cidade de Vinhedo. Se eu não abrisse, outros estavam interessados e eu não poderia correr o risco de ter uma concorrência a apenas 8km de onde já estava.

Nesse momento já me sentia mais segura, pois a cada mês a operação de Valinhos crescia e prosperava. Conseguia fidelizar os clientes e já dominava a gestão dos estoques. Lentamente fui conseguindo estabilizar a equipe.

Embarquei ainda mais audaciosamente nessa empreitada de ter uma segunda loja, porque acreditei que uma loja de rua poderia ter um certo charme maior do que a de um shopping.

A loja de Vinhedo chamava a atenção pelo seu lindo jardim, planejado pela querida Ana Claudia Aguiar, e por seus detalhes externos. Ana Claudia era uma advogada apaixonada por paisagismo que naquele exato momento se aventurava nessa área. Tive muita sorte de contar com seu suporte.

Um deck enorme, ombrelones e móveis externos, com a presença de muitas orquídeas e muito verde.

Encomendei móveis caprichosamente feitos pelo meu grande e querido amigo marceneiro, o Tomás Romano.

Logo percebi que as lojas tinham públicos diferentes. Apesar de próximas, Vinhedo era frequentada por paulistanos que conheciam bem a marca.

Encontrei finalmente uma colaboradora em quem pude investir e treinar para me ajudar no dia a dia, tendo em vista que minhas atividades aumentaram muito naquele momento com duas lojas para administrar.

Após dois anos de muito trabalho, eu já conseguia manter nosso padrão de vida em Valinhos, tendo bastante cuidado com nossas finanças familiares, e ainda ir desenvolvendo as operações das lojas com muita dedicação. Investi na fidelização dos clientes, na qualidade do atendimento, e em tudo que sempre acreditei para transformar minhas lojas em ambientes prazerosos de se estar.

Eu sempre disse para os meus colaboradores que nossos clientes têm carros bons e estão acostumados a frequentar os grandes shoppings de Campinas, Jundiaí e São Paulo. Nesses locais eles irão encontrar os mesmos produtos, mas não encontrarão nosso atendimento personalizado e atencioso, nosso sorriso, nossa cordialidade e presteza. Minha filosofia sempre foi no sentido de que precisamos evidenciar nosso cuidado e real interesse no cliente. Valorizar o olho no olho que faz a diferença. Aprender a escutá-los para entender suas necessidades.

Ao longo do tempo, a grande maioria dos nossos clientes se transformaram em amigos. Eu me orgulho disso, pois sei que não é fácil conquistar esse nível de relacionamento com a clientela.

Mas como sempre, as dificuldades sempre continuam chegando e nos desafiando. Essa pessoa na qual eu acreditava tanto ter chegado para somar de verdade, em quem eu confiei plenamente, me decepcionou.

Com muita tristeza, por um momento eu quase desanimei. Cheguei a pensar em desistir. Dizia para mim mesma: “Chega, não quero mais, estou no meu limite!” Foi quando procurei um advogado amigo, o Fábio Aguiar, marido da paisagista Ana Claudia.

Fábio me ouviu. Expliquei a ele que estava perdida e que precisava de ajuda porque desistir envolvia muitos aspectos jurídicos. Contratos com a franqueadora, contratos de locação e com o shopping Valinhos também. Queria dissolver todos eles.

Fábio talvez não saiba o quanto sua intervenção foi perfeita. Ele me respondeu prontamente dizendo que me ajudaria com tudo isso. Que providenciaria tudo que fosse preciso judicialmente e que me apoiaria. Mas, enquanto amigo, ele disse que só faria isso depois que eu reorganizasse as lojas e me reequilibrasse emocionalmente. Com muito jeito e carinho, ele me disse que não se toma uma decisão assim em crise, em baixa. Somente após eu resolver todos os problemas, eu deveria procurá-lo.

Não preciso dizer que nunca mais o procurei. Resolvi tudo de novo, mais uma vez, e segui fortalecida.

Ana Clara e Carla

Eu sempre acreditei que não devemos generalizar situações e criar preconceitos em relação à gestão de pessoas. Eu acho que todos merecem a oportunidade de começar um relacionamento do zero comigo, de receberem meu voto de confiança e de serem tratadas como pessoas de bem, até que se prove o contrário. Mesmo com as atitudes de alguns ex-colaboradores que se aproveitaram de mim para desviar recursos e produtos e algumas vezes, por falta de comprometimento, me deixarem nos momentos mais inoportunos, nunca deixei de acreditar nas pessoas, não deixei de acreditar que elas precisam ser valorizadas e reconhecidas. Cabe a nós, na posição de empreendedores, oferecer o melhor ambiente de trabalho possível para que elas tenham satisfação em desempenhar suas atividades. Sempre transformei todos os desafios desagradáveis de gestão de pessoas em pontos a serem melhorados desde a seleção até as rotinas operacionais.

Novamente encontrei, em uma das minhas meninas, uma com potencial de ser uma ótima líder. Ana Clara foi uma surpresa linda. Eu via nela a energia e o caráter que sempre tive com a mesma idade. Uma filha, irmã, tia e parceira dedicada, amorosa, séria, determinada.

Ficou ao meu lado com tanta firmeza que provocava, às vezes, ciúme até em sua mãe, quando me dava flores no Dia das Mães e no meu aniversário. Sentia que era para ela um modelo, uma inspiração.

Assumiu o treinamento e a gestão do que chamamos de "frente de loja". Com minha supervisão ela cuidava das rotinas e treinava as colaboradoras. Assim pude me dedicar mais tranquilamente à administração financeira, manutenção e a gestão de pedidos.

Ana Clara já estava comigo há quase 5 anos, quando surgiu a oportunidade de termos a terceira loja.

Era num shopping em Campinas onde a Kopenhagen até então não acreditava ser viável, por ser direcionado a um público C. Mas eu acreditava na possibilidade, imaginando uma cafeteria forte naquele local.

O shopping havia sido comprado por um grupo expressivo no cenário nacional, que desejava muito levar novas marcas que o reposicionassem diante dos demais. Foi uma ótima negociação, tendo em vista que queriam muito nossa presença.

Nessa fase eu já estava muito cansada de treinar pessoas e começar com uma equipe nova, mas Ana Clara, com sua força e ambição, me incentivou. Se propôs a assumir essa responsabilidade de ficar lá, treinar e desenvolver a nova equipe durante o tempo que fosse necessário. Foi assim que inauguramos animadas, em março de 2014, ano da Copa do Mundo.

Tínhamos, eu e ela, uma relação de muita confiança e respeito. E três meses depois, no início de julho de 2014, em um dia de jogo do Brasil, Ana Clara simplesmente sumiu.

Foram 35 dias de investigações, contatos e ajuda a familiares, depoimentos, delegados me chamando com frequência, muita angústia, mistério e especulações do que poderia ter acontecido com ela. Finalmente, tudo foi desvendado. Ela havia sido assassinada pelo próprio namorado, que enterrou seu corpo em uma chácara de Valinhos. A tristeza tomou conta de mim novamente. Lembrarei de seu sorriso para sempre. Tenho dentro de mim um cantinho eterno reservado só para ela no meu coração.

Foi nesse momento bem difícil que a Carla, que já trabalhava conosco e havia sido selecionada e treinada por Ana Clara, assumiu seu papel.

Carla está, desde então, ao meu lado. Tenho tanta, mas tanta gratidão por ela ter me ajudado não só a superar tal momento, como também por ter seguido em frente ao meu lado, que nem sei imaginar como tudo teria sido sem sua presença.

Sua grande qualidade é saber se colocar sem invadir. Ser humilde quando necessário e atrevida quando preciso. Ser humana e sofrer muitas vezes com a mesma disposição em se reerguer e a se superar.

Aprendemos muito juntas: sobre novos processos que surgem diariamente em uma empresa que cresce o tempo todo, sobre pessoas e suas necessidades, sobre deixar voar, sobre ciclos, e principalmente sobre parceria. Ela é uma gerente que adora chocolates. Que vibra a cada meta alcançada. Que me ajuda a chegar aonde com certeza não chegaria nunca sozinha.

Com sua presença nos negócios, pude seguir amadurecendo, crescendo e aprendendo cada vez mais sobre o mercado e principalmente sobre pessoas.

Continuamos com as três operações até final de 2020. As lojas de Valinhos, Vinhedo e Campinas estavam, respectivamente, com 13, 11 e 7 anos.

A pandemia e novas mudanças

Não foi diferente quando enfrentamos a pandemia. Em março de 2020, quando o caos se instalou, nós estávamos com nossos estoques abarrotados, prontos para realizar mais uma Páscoa. Eram três estoques. Foi uma operação de guerra inimaginável. Conseguimos escoar nossos produtos com muita estratégia. Foi um período exaustivo. Incansavelmente eu dirigia cerca de 300 km por dia fazendo entregas e conseguimos por vias digitais, delivery e drive-thru ou take away, seja como for, vencer.

Foi só depois da Páscoa que me dei conta de nossa força. Veio um cansaço incrível e o desejo de uma rotina mais tranquila. Eu fiz um balanço e entendi que havia chegado a hora de repensar e planejar como gostaria de viver esse novo período da minha vida. A vida que começa depois dos 60 anos.

Refleti que queria desacelerar, mas não parar. Escolhi focar na loja de Vinhedo e vendi as demais.

Com isso, fiquei capitalizada para poder planejar meu futuro como eu sempre imaginei que deveria ser: sem preocupações, com conforto e estabilidade financeira.

Queria focar e me dedicar integralmente a uma única operação. Carla aceitou o desafio de, juntas, conseguirmos elevar a loja a um novo patamar de resultados. Havíamos mudado de ponto e estávamos em um novo local com estacionamento próprio e uma enorme capacidade de estocagem.

Foi assim, com estratégia e determinação, que crescemos 150% em apenas dois anos. A loja tem hoje 16 anos e é um negócio já bem estabelecido na cidade, com uma clientela totalmente fidelizada.

Levei muitos anos para entender que os problemas têm o tamanho e a dimensão que damos a eles.

Quando entrei para a rede de franqueados da Kopenhagen, acho que vivia um turbilhão de sentimentos e emoções que não me deixavam ter o equilíbrio necessário para esse entendimento.

Eu ainda sofria muito pela separação e por tantas mudanças familiares. Mesmo sendo uma mulher empreendedora experiente, havia momentos em que me sentia vulnerável e fragilizada. Só o tempo cura. Estava tudo ainda mal resolvido dentro de mim.

Eu ficava consternada quando os problemas aconteciam. Achava que o problema era meu, que não estava tendo a capacidade necessária, quando, na verdade, sabemos que tudo faz parte do próprio processo de aprendizagem. Sentia-me irritada por não conseguir concentrar minha atenção naquilo em que eu realmente gostaria de empregar meu tempo, que seriam as estratégias de marketing e vendas que me trariam resultados concretos, mas me ocupava resolvendo questões que até então eu nunca tinha resolvido, como a que relatei sobre o piso, por exemplo, e ar-condicionado que nas horas menos prováveis quebra, condensa e começa a vazar água na cabeça dos clientes. Na loja de Campinas, os contínuos entupimentos, que ocorriam por conta de um shopping muito antigo e sem planejamento, problemas de conexão de internet dificultando o acesso ao programa operacional de frente de caixa, enfim, tantos outros de todos os lados e áreas.

Claro que alguns desses problemas continuam acontecendo, mas a maneira como os encaro é mais serena, de quem sabe o caminho pela solução, de quem não sofre mais por ele. Dou a eles o menor tamanho possível em nível de importância em minha vida.

Com o tempo e com maturidade, conclui que criamos círculos que podem ser viciosos ou virtuosos.

Hoje, eu invisto o que for preciso para virar o jogo e desenvolver apenas os virtuosos.

Às vezes, precisamos recomeçar para endireitar. Uma ocasião tivemos que fazer isso em Vinhedo. Demitir todas as colaboradoras e contratar uma equipe todinha nova. Foi a única forma de inverter o círculo negativo estabelecido.

Hoje, nada tira minha paz. Tudo, absolutamente tudo que acontece de negativo, encaramos como uma oportunidade de aprendizado. Eu pergunto: "o que podemos fazer para que isso nunca mais aconteça?" E criamos alguma rotina diferente, uma regra nova, ou mesmo desenvolvemos ferramentas para que os riscos sejam controlados.

Apoios fundamentais para a superação dos desafios

Lidar com o público consumidor é um bom desafio, mas considero muito mais desafiador treinar e liderar as colaboradoras. No nosso negócio, elas são jovens e costumam ter um perfil imediatista. Falta paciência para o aprendizado e para obter experiência. É com o tempo, com os erros e acertos do dia a dia, que a evolução profissional acontece. Isso não ocorre da noite para o dia. Felizmente, eu e a Carla conseguimos construir um time administrativo que me dá a liberdade de que preciso quando desejo me ausentar.

Contamos ainda com o suporte de pessoas de diferentes áreas que chegam rapidamente na loja para nos ajudar quando acionadas.

Ar-condicionado, máquina de café, TI, eletricidade, contabilidade e controle de pragas estão sob responsabilidade de profissionais que, com o passar dos anos, conseguiram se vincular a nós com comprometimento e se transformaram em muito mais do que simples prestadores de serviço. São parceiros e amigos que demonstram um grande respeito e consideração por mim.

É impressionante como os problemas e imprevistos acontecem exatamente no domingo, no Natal, ou mesmo na Páscoa. Tudo é importante e precisamos de soluções imediatas.

Se você ficar com a máquina de café quebrada, todas as vendas sofrerão prejuízos, não só relacionados à venda do café expresso. As pessoas viram as costas ao saber e resolvem ir para outro local onde poderão resolver todas as suas necessidades.

É como não ter panettone alguns dias antes do dia 24 de dezembro. Todas as linhas de produtos são prejudicadas, da cafeteria aos produtos de impulso.

Há ainda o desafio em acertar no mix de produtos e no volume de seu pedido sazonal para a franqueadora. Dificilmente você vai acertar 100%. Vai sobrar produtos ou vai faltar. Você tem que ser ágil e correr atrás de franqueados que sejam amigos e parceiros para repassar produtos excedentes ou mesmo conseguir que eles te repassem quando falta. Desenvolver um bom relacionamento entre franqueados facilita esse trâmite. Queremos nos ajudar. E é com essa adrenalina que vivemos essas datas importantes de Natal e Páscoa. Nos últimos dias que antecedem essas datas, monitoramos as vendas e os estoques hora a hora, todos os dias. Prejuízos irão derrubar o seu lucro, portanto, é muito importante entender o perfil de sua loja para construir bem seus pedidos e já ter cenários alternativos desenhados, caso as coisas não caminhem conforme o planejado! São dias estressantes, mas que adoro. "É onde o chocolate mais corre em nossas veias", como diz a nossa CEO Renata Vichi.

É muito prazeroso acompanhar o ritmo frenético da loja nesses períodos em que reencontramos amigos e clientes fiéis que comparecem e me dão a preferência de suas compras, mesmo tendo que se deslocar por longas distâncias. É a oportunidade de promover reencontros e compartilhar muitos cafés.

Enfim, quando esse aprendizado ainda não tinha acontecido comigo, eu me abatia acreditando que o problema estava em mim, na minha falta de capacidade de gerir o meu comércio.

Hoje eu sei que o único poder que realmente tenho é de aceitar que muitas vezes a gente ganha o jogo e algumas vezes perde. Faz parte do comércio. Qualquer comércio.

Isso porque tudo, absolutamente tudo influencia nas vendas. Copa do Mundo e campeonatos em geral, muito calor, muita chuva, planos econômicos, aumento do dólar, da gasolina, política e eleições.

E nossos pedidos para a franqueadora são feitos antecipadamente em aproximadamente sete meses. Muitas coisas podem acontecer nesse período e a responsabilidade será sua em controlar esses riscos e a administrar suas perdas.

O desafio de promover o marketing regional para incentivar as vendas e promover a movimentação necessária de estoques sazonais gigantes é seu. E aqui entre nós, são nesses momentos que mais me realizo e tenho ideias incríveis.

Se me perguntarem se sou feliz com esse rumo profissional que tomei, eu respondo que sim, porque entendo que ser feliz é uma opção de vida, uma escolha que fazemos. É muito bom ter as rédeas da minha vida nas mãos e ser livre e independente para decidir os rumos do meu negócio.

Eu me orgulho de ser dona de um negócio que vende produtos deliciosos, por meio do qual me engajo profissionalmente e tenho a tão necessária e desejada segurança financeira. É muito bom trabalhar com uma franqueadora que possui planos ambiciosos de crescimento e conta com uma marca admirada e respeitada pelos seus quase 100 anos de vida. A Kopenhagen tem uma relação de amor antiga com as famílias brasileiras, por meio de sua marca e produtos icônicos. E há 18 anos eu faço parte de tudo isso e me sinto parte dessa família! Como não amar?

Palavras Finais

Palavras finais

A vida não tem receita pronta

Fecho este livro destacando alguns aprendizados fundamentais que tive ao longo da minha trajetória empreendedora e a partir dos vários episódios de mudanças pessoais vividos. Foram altos e baixos intercalados por superação e muita resiliência. Com base na minha experiência, nos meus erros e acertos, o meu desejo é ajudar você a errar um pouco menos em sua caminhada. Acredito que, quando erramos menos e tomamos melhores decisões, nossas chances de alcançar o bem-estar e a prosperidade aumentam muito, assim como a nossa capacidade de influenciar e impactar positivamente a vida de todos ao nosso redor é potencializada.

Sobre o sucesso e a fragilidade da vida

Ouvi de um bom número de pessoas, em fases distintas da minha trajetória, que sempre fui muito bem-sucedida em tudo que me propus a fazer. Isso me fez refletir sobre o que realmente significa "ter sucesso".

Para mim, o sucesso significa sermos donos do nosso destino. É ser livre para decidir os rumos de nossa vida. É ter a felicidade de nos sentirmos responsáveis pelas decisões que tomamos. É poder dedicar tempo àquilo que nos faz bem. É trabalhar com o que amamos. É ter a energia, a motivação e a disposição para nos levantar após as quedas. É seguir em frente apesar das dificuldades no caminho. O sucesso está relacionado ainda às nossas contribuições para melhorar o nosso entorno, e ao estabelecimento de vínculos saudáveis com o outro.

Acredito também que somos bem-sucedidos quando estamos abertos a evoluir e a mudar. Ser capaz de nos reinventar é uma grande felicidade porque nos abre os horizontes para vivermos experiências diferentes e desenvolvermos novas habilidades. Sucesso e felicidade andam juntos.

Nada é para sempre

Aprendi muito cedo a conviver com a ideia de que nada realmente é para sempre. Não existem tristezas e derrotas constantes, assim como alegrias e conquistas, todos os dias. Entendi cedo que aceitar essa premissa na vida nos faz mais fortes, mais resilientes. E foi assim que consegui viver tantos ciclos vitoriosos e outros nem tanto. O "nada é para sempre" nos faz ter os pés firmes no chão, sem possíveis arrogâncias, sem ilusões que poderiam nos fazer acreditar que somos melhores do que o próximo.

Sempre que revisito minha história, minhas lembranças me remetem muito mais aos momentos de satisfação, conquistas, superações e encontros felizes e prazerosos que tive do que aos momentos de crise e dificuldade que me levaram algumas vezes a conhecer o fundo do poço.

E é para lá, para esses ciclos de tanta coisa boa, que corro e me refugio sempre que necessário. Faz bem ainda olhar para trás e rememorar os desafios e dores superados, rever de onde saímos até chegar aonde estamos. É dessa fonte de energia boa que me alimento para fazer frente às pedras no caminho. Dessa certeza que me mostra claramente a impermanência da vida e a importância de aprendermos a navegar nas mudanças com mais leveza.

Presente marcante

Quando eu tinha por volta de 10 anos, ganhei do meu pai meu primeiro livro. Ele fez uma viagem a trabalho e comprou na livraria do aeroporto de Congonhas em São Paulo O Diário de Anne Frank. Que alegria! Pelo ineditismo do presente e pelo quanto me fez sentir importante e capaz. Nunca me esqueci desse momento feliz. Reli a obra muitas vezes, e reli mais ainda a dedicatória de papai que funcionou como uma "ordem" para mim, quando escreveu em poucas palavras o quanto ele esperava que eu crescesse tão especial quanto a pequena Anne. Conhecer a história de uma menina que contagiava otimismo, mesmo diante da brutalidade nazista, me fez entender que tudo sempre poderia ser bem pior.

A história de Anne não me inspirou por si só, mas também por ter vindo pelas mãos de alguém que eu amava tanto quanto meu pai. Papai tinha essa capacidade incrível de criar doces memórias que seguem me fortalecendo até hoje.

Em suas reflexões escritas por meio de um simples diário ao longo de dois anos de confinamento, algumas das frases de Anne ficaram marcadas em minhas lembranças por sua simplicidade. Uma delas diz: "Onde há esperança, há vida. Isso nos enche de coragem e nos torna fortes novamente."

E nunca deixei a esperança se afastar de mim. Esperança vem do verbo esperançar. Como preconiza Paulo Freire, esperançar é levar adiante, esperançar é juntar-se com outros para fazer de outro modo a vida de cada um de nós. Para voar e aproveitar todas as oportunidades da vida, é preciso se desprender da própria origem, enfrentar o novo e o desconhecido. E foi assim, deixando para trás cada momento difícil, que me fortalecia para superá-los e me permitir viver cada novo ciclo repleto de novos aprendizados e realizações felizes.

Acredito que para empreender com sucesso e conseguir se realizar ao longo do percurso, antes de tudo precisamos aprender a focar na solução dos problemas e não no problema por si só. Focar no problema nos paralisa. Focar na solução nos move, nos acelera.

Imagino que você deva estar pensando que é fácil falar dessa forma, mas creia: é um exercício diário que, tal qual uma atividade física, aprendemos a exercer esse jeito de pensar e agir e sim, desenvolver a capacidade de não nos estressar, não nos desgastar e acreditar que para tudo sempre há uma solução.

Claro que algumas técnicas de relaxamento e meditação ajudam muito, por aprendermos a respirar e a esvaziar nossa mente, abrindo espaço para as possíveis soluções.

Somos humanos e imperfeitos. Erramos mais do que acertamos. Para ter sucesso, você precisa se permitir errar. Ousar e se atrever sem medo de ser julgado, porque na verdade quem mais nos julga somos nós mesmos. Então, mais um motivo para nos libertarmos desses comportamentos que nos aprisionam e nos impedem de avançar na vida.

Percebi que sempre deu muito certo meu modo de reagir a uma circunstância, quando algo dá errado. Nesses momentos, eu me dou um tempo para pensar, respirar e me acalmar, pois, assim, evito tomar decisões impulsivas e emocionais. E também me aproximo dos mais próximos, dependendo da situação busco apoio em minha gerente ou em todo o meu time, ou mesmo recorro a algum especialista externo e pergunto: "O que você acha que podemos fazer para que isso nunca mais aconteça?". Em seguida, nos comprometemos com as mudanças necessárias. Às vezes basta criar uma nova ferramenta no trabalho, outras, iniciar um novo hábito.

Isso vale para qualquer situação, seja ela profissional ou pessoal. Significa não lamentar o fato já ocorrido, o tal do "leite derramado" e virar a página de forma madura e realista. Muitas vezes envolve perdoar e superar.

Não julgar e nem tentar encontrar "culpados".

Frequentemente em meu diálogo interior me pergunto: o que realmente prefiro, ter razão ou ser feliz?

Isso me liberta e me dá a tranquilidade que preciso para estar convicta e sentir-me bem com meus valores, minhas crenças, decisões e ações.

Uma pessoa que não precisa provar nada para ninguém se poupa muito de embates desnecessários. Essa sou eu, a que nunca acreditou que valeria a pena entrar em guerra com ninguém.

Quero seguir sempre assim, sonhando e acreditando que posso ser e estar onde e como quiser, realizar o que decidir, e simplesmente reinventar-me sempre que a vida assim me pedir.

Outra frase inspiradora que a menina Anne diz em seu diário é: "Pense em toda a beleza que ainda resta ao seu redor e seja feliz."

Aos 14 anos ela entendia mais de felicidade que muitos dos adultos que já conheci.

E mais essa: "Descobri que sempre resta alguma beleza – na natureza, na luz do sol, na liberdade, em você mesmo; tudo isso pode ajudá-lo."

Planejar, calcular e recalcular a rota quantas vezes forem necessárias para que a vida não se encerre em si mesma medíocre e limitada, sem histórias para contar. Esse é um dito antigo das mulheres da família de mamãe. Cresci ouvindo-as dizer que o que importa mesmo nessa vida "é ter histórias para contar"!

Não descuide de seu futuro, de sua segurança material

Meus pais fizeram parte de uma geração que viveu muitas mudanças. Nascidos em 1926 e 1934, eles cresceram ouvindo relatos relacionados à Segunda Guerra Mundial. Papai, já adulto, lia muito a respeito e fico imaginando o quanto pôde forjar sua "humanidade pessoal" através desse conhecimento.

Eu não imaginava o quanto seria influenciada por esses exemplos de tamanha generosidade. Ambos eram extremamente solidários e possuíam grande disposição em ajudar as pessoas que estavam próximas em todas as circunstâncias, sejam profissionais ou pessoais. Mas por outro lado, eles viveram sempre intensamente seus momentos, quase sem nenhuma preocupação com o futuro, com suas velhices. Refletindo hoje, consigo observar que isso aconteceu com muitos pais de amigos e tios da mesma geração. Eles conheceram, mesmo que às vezes a distância, realidades tão brutais como o nazismo e viveram momentos turbulentos da história brasileira, que talvez justifique esse comportamento de viver o presente como se não houvesse o amanhã.

Como encontrar esse equilíbrio? Como viver bem o presente sem descuidar do futuro? Como não viver as mesmas preocupações que meus pais, da mesma forma como muitos brasileiros enfrentam a realidade ao se deparar com suas idades avançadas e a minguada aposentadoria no final do mês?

Desde muito cedo eu decidi que comigo seria diferente. Que não mediria esforços para poder desfrutar de uma vida segura e confortável quando ainda tivesse disposição física para realizar novos sonhos e novas realizações, tais como o tempo, a energia e o dinheiro que tive para escrever este livro. Sem me preocupar se ele será um sucesso de vendas ou não.

Quando me vi empreendendo sozinha e totalmente responsável pela condução de minha vida financeira, tomei algumas decisões importantes. Primeiro, precisava ter uma reserva para a vida familiar, que sustentasse nossas despesas fixas por aproximadamente 6 meses. Entendia ser leviano da minha parte sair desfrutando a vida, colocando minhas responsabilidades em segundo plano.

Eu precisava ainda honrar altas mensalidades escolares e despesas com meus filhos. Para as lojas, eu mantinha uma reserva para imprevistos e momentos de eventuais apertos de caixa. Isso dá uma certa garantia de que caso alguma coisa aconteça você terá recursos para suportar a crise e não precisará recorrer a empréstimos de bancos a juros altos e que fatalmente levarão a um processo de crise mais grave ainda.

No meu dia a dia pessoal e profissional sempre fugi dos juros. Seja na antecipação de recebíveis das lojas, seja na fatura do cartão de crédito, seja nas compras de um modo geral. Em todos os produtos e serviços nos quais conseguimos desconto ao pagar à vista, há juros embutidos se você compra a prazo. Dessa forma, sempre procurei ter recursos para poder dar prioridade a pagamentos à vista.

Na verdade, princípios financeiros são válidos tanto para a vida pessoal quanto empresarial. Eu criei um método próprio que funciona muito bem e que nada mais é do que planilhar sistematicamente todas as despesas por áreas da vida, principalmente as que precisam de um melhor planejamento, tais como saúde, lazer e viagens. Então coloquei limites pessoais para as despesas relacionadas a consumo fora de casa, beleza, alimentação, combustível etc. Ao enxergar melhor esses números, você pode decidir por esperar para fazer determinada coisa no mês seguinte, por exemplo, e se colocar limites.

O mesmo acontece na empresa. Dependendo de sua realidade e interesses, você pode planilhar igualmente, determinando, por exemplo, que sua folha de pagamento não pode passar de 10% do seu faturamento. Idem para o custo de ocupação, ações de marketing etc.

Outro comportamento financeiro que considero muito importante é ter bastante clareza da importância da separação entre pessoas física e jurídica. A empresa não é uma mãe que não sabe te dizer não! Eu sempre me limitei a um pró-labore mensal destinado às minhas despesas pessoais básicas e fixas, e a uma retirada anual que transfiro para a pessoa física e me possibilita gastos extras como viagens internacionais anuais, intercaladas de passeios locais, melhorias na minha casa e troca de carro, por exemplo. Estabelecer prioridades no presente, mas sempre mirando no futuro. Com disciplina.

E foi assim que segui uma trajetória que me manteve firme no meu propósito de construir um futuro que me trouxesse segurança financeira, bem-estar e paz de espírito, com autonomia e sem depender de outras pessoas.

Nunca me deixei deslumbrar por nada. Cuidar de como seria o meu futuro financeiro sempre foi um objetivo claro e presente. Manter os pés firmes no chão nos faz relembrar o tempo todo de onde viemos e para onde iremos, como relatei no exemplo de quando precisei exumar os restos mortais de meu avô.

O que importa realmente é "como" conduzimos nossa trajetória e principalmente qual legado deixaremos. Isso nos faz vermos sentido, sermos gratos e honrarmos todas as oportunidades que tivermos para expressar nossa força.

Valorize e cuide de suas relações

Preocupar-se com seu próximo. Ter um olhar de cuidado com os que caminham ao seu lado. Cuidar de seus relacionamentos, sempre. Estar pronto para ajudar o outro lhe dará a tranquilidade de pedir ajuda sempre que precisar. As pessoas que não ligam de serem acionadas a ajudar são aquelas que nunca se negam a pedir ajuda, porque o movimento de dar e receber requer humildade, disposição e desprendimento.

E assim fui construindo relacionamentos em todas as etapas da minha vida. Estabelecer relações de confiança me trouxe a segurança de que tenho com quem contar em todos os momentos adversos.

Busco manter o mesmo olhar para todas as pessoas que direta ou indiretamente cruzam meu caminho, tratando-as bem e querendo impactar positivamente a vida delas. Não importa se é minha cliente ou se é o entregador. Preciso de ambos. Meu negócio sobrevive graças aos dois. Inclusive, nossos entregadores são recebidos com carinho e gratidão. Você pode demonstrar isso com mínimos gestos de atenção, pois, independentemente do poder aquisitivo e das conquistas materiais de cada um deles, ali se encontra um ser carente da nossa atenção e do nosso respeito. É assim que desejo ser lembrada. Como alguém que escuta, presta atenção e se importa com o outro, estando aberta para ajudá-lo se for preciso.

Ainda falando sobre a diferença que você pode fazer na vida das pessoas, se estiver ao nosso alcance orientar, explicar, dar um feedback ou despertar uma reflexão, devemos fazê-lo. Se enxergamos com clareza o que o outro não vê e podemos ajudá-lo a ver, por que não tomar esta iniciativa?

Acredito que tudo o que realmente nos pertence é nosso nome, é nossa credibilidade, é ter a confiança do outro.

Se você sempre cuidou da forma como se relaciona com as pessoas, respeitando-as, tratando-as bem, sendo transparente, alinhando as expectativas de ambos os lados, honrando com tudo o que se comprometeu na relação e estendendo a sua mão para ajudá-las nos momentos mais difíceis, fique em paz e saiba que você será uma referência para elas. Como já disse, você será apoiado por elas se precisar. Talvez soe estranho tais reflexões para uma pessoa ainda jovem, mas lá na frente, quando você passa dos 60 anos como eu, fica evidente o quanto é prazeroso olhar para seu passado e não encontrar nada do que se envergonhar, nada o que esconder. Saber que você pode se reencontrar com qualquer pessoa que será merecedor de sua consideração, admiração e respeito e não terá de se esquivar de nenhum olhar por onde vier a passar.

Deixe as desculpas e a vitimização para trás

No dia a dia dos negócios, muitas variáveis sempre acontecem, nos fazendo crer, tantas vezes, que tudo conspira contra. Sejam elas mudanças externas, advindas da economia, ou mesmo alterações legais e/ou regras locais, ou até mesmo mudanças internas, no meu caso advindo da minha própria franqueadora. Mesmo com esses desafios, você tem a escolha e o controle de como se posicionará frente a eles. Se as vendas estão em queda por conta de uma recessão, trabalhe mais e aumente seus esforços de vendas. Coloque sua criatividade em ação e pense em soluções fora da caixa. Ficar reclamando, remoendo e colocando desculpas no que é externo a você tira nossa energia, tira nosso foco. Leva-nos a uma espiral negativa que só drena nossa energia.

Lembre-se de que nos momentos mais difíceis, mais doloridos, você tem em suas mãos o poder de decidir o que fará para melhorar sua situação e sair do estado em que está.

Nós somos também responsáveis pela nossa evolução e desenvolvimento pessoal e profissional. Conforme descrevi, em algumas importantes passagens de minha vida sempre que me via interessada e envolvida em alguma área do conhecimento que não dominava ou mesmo desconhecia, eu me apaixonava e buscava esse conhecimento com muito entusiasmo, mergulhando no assunto. A postura de estar frequentemente me atualizando, querendo aprender novas habilidades, obter conhecimento e orientação para os desafios diversos que enfrentei até aqui me fizeram andar para frente, ser uma pessoa melhor, mais confiante na minha capacidade de lidar com as pedras do meio do caminho.

Físico e mental fortes e saudáveis

Nunca deixei de praticar atividades físicas, que foi inclusive o que me ajudou muitíssimo na recuperação depois do meu acidente de carro. Fez toda a diferença. E nunca deixei de movimentar meu corpo. É nesses momentos, principalmente quando estou fazendo longas caminhadas, que consigo tranquilizar minha mente de todas as inquietações. Caminhar funciona como uma meditação para mim. Ter energia física é também combustível para a minha saúde mental – é ela que me permite sonhar e realizar cada vez mais. Faz com que me sinta plena e feliz.

Por falar em saúde psicológica, considero que ela é tão importante quanto a física. Por isso, faço psicoterapia. Tenho um amigo que diz que a terapia é a "atividade física" da mente para a prevenção de problemas e desafios psíquicos e emocionais, assim como a atividade física previne doenças crônicas. Concordo plenamente. Tudo está interligado: se não cuidarmos bem de nosso corpo, a casa onde moramos, não conseguiremos trabalhar bem, cuidar de nossa família e amigos e contribuir para a sociedade.

Continue sonhando

E uma das coisas em que acredito que mais nos dá vitalidade, longevidade, bem-estar e satisfação é continuar sonhando. Para mim, sonhar é manter-se criando projetos e objetivos novos. É se permitir entregar-se a novas paixões e a desenvolver novas habilidades. Novos sonhos nos renovam, nos abrem as portas para contribuir de maneiras ainda mais significativas para esse mundo. É através dos sonhos que temos a oportunidade maravilhosa de nos reinventar.

Fazer este livro foi um dos novos sonhos que tive e coloquei em ação. Quando me dispus a escrevê-lo, fui me apaixonando mais e mais pelo processo. De repente lá estava eu trabalhando semanalmente no livro, bem como totalmente interessada e envolvida pelos podcasts e perfis literários das redes sociais. Comecei a seguir novos autores. Voltei a ler mais e a buscar entender como funciona o mercado editorial. Por meio das reflexões dedicadas a trazer minhas lembranças e experiências de vida de volta, me vi movida pelo propósito de entregar para os leitores os meus aprendizados pessoais e profissionais e, assim, poder contribuir, um pouquinho que seja, para sua evolução, para que acertem mais do errem em suas decisões. Essa caminhada como escritora foi muito prazerosa e nela eu me renovei, me reinventei.

Quero continuar sonhando e fazendo cada novo sonho acontecer, mesmo sabendo que ainda vou errar muitas vezes, pois para acertar é preciso correr o risco de errar, sem medo de corrigir cada rota, se preciso for.

Aventurar-se é se permitir viver novos sonhos. Viver é tomar riscos calculados todos os dias. Arriscar-se com inteligência é ter consciência clara sobre qual é o máximo que você pode perder, até aonde dá para você ir dentro de seus princípios, sem comprometer o seu bem-estar individual e familiar. Tomar decisões nada mais é do que se arriscar. Deixar de ganhar, perder ou vencer faz parte do dia a dia do líder. É seu destino assumir essas responsabilidades com o enfrentamento de quem deseja traçar seus caminhos, escolher as rotas e mirar aonde quer chegar, tanto na dimensão pessoal como na profissional. Caminhos que seguem juntos, porque não há como separá-los. Quem está realizado no trabalho leva alegria para seus familiares. E vice-versa. O equilíbrio precisa ser buscado simultaneamente.

Se puder, quero fazer com que cada novo dia seja melhor que o anterior. Quero poder continuar sonhando que é possível, sim, que esse novo dia seja realmente melhor do que o de ontem.

O que mais importa para você: o destino final ou o caminho que o levará a ele?

Imaginar o caminho e traçar sua rota é uma grande aventura. Independente do destino final, busco viver cada curva. Sem considerar os atalhos.

Muito obrigada por ter lido este livro e chegado até aqui. Espero que você tenha tirado receitas inspiradoras.

De vida e culinárias!